Manual de Seguridad Informática

Rafael Darío Sosa González

Colección Seguridad Privada
Securityworks
Protección Integral

RAFAEL DARÍO SOSA GONZÁLEZ

Oficial de la reserva activa del Ejercito Nacional. Después de su retiro ha desempeñado los siguientes cargos: Director de seguridad COLTANQUES , Gerente SAFE GUARD PROTECTION DEFENSA CIVIL Zona Industrial las Granjas, Director de seguridad en Servicios INDUSTRIAS ARETAMA ,Docente Instituto de seguridad Latinoamericana (INSELA-ECOSEP), Asesor Área Capacitación en Seguridad ADRIH LTDA, Asesor de Seguridad en Empresas como: Pollo Fiesta Ltda., Seguridad ATLAS Y TRANSPORTE DE VALORES ATLAS, Gerente(Propietario)Escuela Nacional Vigilante y Escoltas ESNAVI LTDA.

Entre los estudios realizados: Diplomado en Seguridad Empresarial, Diplomado en Gestión de la Seguridad , Maestría en Seguridad y Salud Ocupacional, Liderazgo Estratégico en Dirección, Gerencia Estratégica en Servicio al Cliente, curso de Seguridad Electrónica, Curso Basic Voice Store Análisis.

CONTENIDO

PROLOGO

Bienvenidos al prólogo del libro de protección digital para la Seguridad, un recurso imprescindible para aquellos que buscan protegernos de los riesgos y peligros que existen en el entorno en línea.

En la actualidad, estamos más expuestos que nunca a las amenazas cibernéticas, como el acoso, la exposición a contenido inapropiado y la vulneración de la privacidad digital. Es por ello por lo que, como personas en el ámbito que nos desarrollemos, es fundamental que contemos con las herramientas necesarias para protegerlos de los riesgos asociados a la tecnología.

Este libro es una guía práctica para ayudar particularmente al hombre de la Seguridad de los peligros en línea. Los expertos en seguridad digital que han colaborado en la creación de este libro han investigado y analizado los riesgos en línea más comunes y han desarrollado estrategias efectivas para abordarlos.

El libro incluye una amplia gama de temas, desde la detección del ciberacoso hasta el monitoreo de la privacidad en las redes sociales, pasando por la enseñanza sobre la seguridad en línea y el control del uso de los dispositivos electrónicos. Los menos calificados o los más conocedores del tema podrán aprender a detectar los signos tempranos de peligro en línea, así como a desarrollar un plan de acción efectivo para protegerse en línea.

En definitiva, este libro es una herramienta invaluable para todos los que desean garantizar la seguridad digital de quienes protegen o brindan sus servicios. La tecnología está en constante evolución y con ella, los riesgos y peligros asociados al entorno en línea. Por ello, es vital que los padres estén preparados para afrontar estas amenazas y proteger en todo momento.

Stiven Mayorga - Ethical Hacker - AntiFraude Cybersecurity & Privacy

CAPÍTULO 1

DEFINICIÓN DE SEGURIDAD INFORMÁTICA

La seguridad informática es una disciplina que se encarga de proteger la seguridad y la privacidad de la información almacenada en un sistema informático. En otras palabras, puede decirse que la seguridad informática es la herramienta oportuna que busca garantizar que los recursos de un sistema de información sean utilizados tal como una organización o un usuario lo ha decidido, sin intromisiones

Un sistema informático puede ser protegido de las siguientes maneras:

1. De manera lógica con el desarrollo de software antivirus, antiespias, antimalwares

Entre las herramientas más usuales de la seguridad informática, se encuentran los programas antivirus, los cortafuegos o firewalls, la encriptación de la información y el uso de contraseñas (passwords).

Estas herramientas son de gran utilidad como también lo son los conocidos sistemas de detección de intrusos, también conocidos como **antispyware.** Se trata de programas o aplicaciones gracias a los cuales se puede detectar de manera inmediata lo que son esos programas espías que se encuentran en nuestro sistema informático y que lo que realizan es una recopilación de información de este para luego ofrecérsela a un dispositivo externo sin contar con nuestra autorización en ningún momento.

2. De forma física que son todos aquellos mecanismos generalmente de prevención y detección destinados a proteger físicamente cualquier recurso del sistema; estos recursos son desde un simple teclado hasta una cinta de backup con toda la información que hay en el sistema, pasando por la propia CPU de la máquina, vinculado al mantenimiento eléctrico.

3. Por otra parte, las amenazas pueden proceder desde programas dañinos que se instalan en la computadora del usuario como un virus o pueden llegar por vía remota Usualmente los ciberdelincuentes que se conectan a Internet e ingresan a distintos sistemas).

Una persona que conoce cómo protegerse de las amenazas sabrá utilizar sus recursos de la manera más adecuada posible para prevenir ataques o accidentes.

Por lo tanto, en el ámbito de la seguridad, lo esencial sigue siendo la capacitación de los usuarios.

De todas formas, no existe ninguna técnica que permita asegurar la inviolabilidad de un sistema.

En el caso de los virus es importantísimo anotar que hoy en dia existe una amplísima la lista que pueden vulnerar cualquier equipo o sistema informático. Así, por ejemplo, nos encontramos con los llamados virus residentes que son aquellos que se caracterizan por el hecho de que se hallan ocultos en lo que es la memoria RAM y eso les da la oportunidad de interceptar y de controlar las distintas operaciones que se realizan en el ordenador en cuestión llevando a cabo la infección de programas o carpetas que formen parte fundamental de aquellas causando un grave error en el sistema

Igualmente hay virus de acción directa que son aquellos que lo que hacen es ejecutarse rápidamente y extenderse por todo el equipo trayendo consigo el contagio de todo lo que encuentren a su paso.

Por otro lado, los virus cifrados, los de arranque, los del fichero o la sobreescritura son igualmente otros de los peligros contagiosos más importantes que pueden afectar a nuestro ordenador.

Un sistema seguro debe tener las siguientes condiciones

1. Ser íntegro y robusto.
2. Con información modificable sólo por las personas autorizadas
3. confidencial cuyos datos tienen que ser legibles únicamente para los usuarios autorizados
4. Irrefutable el usuario no debe poder negar las acciones que realizó
5. Debe ser estable.

Te explicamos qué es un computador, qué es el hardware y qué es el software. Además, los tres elementos básicos de un ordenador.

CAPÍTULO 2

COMPONENTES GENERALES DEL COMPUTADOR

El computador necesita para su operación o funcionamiento de una parte material, tangible y visible para funcionar. Este también conocido generalmente como ordenador o computadora, es una compleja máquina que procesa y ejecuta órdenes informáticas de diversa índole para dar como resultado un sinfín de tareas distintas.

Fue Creada hace aproximadamente seis décadas, este aparato sigue en constante evolución y es uno de los inventos más populares de la historia, ocupando hoy en dia,un lugar en casi todos los hogares del mundo.

De la misma forma cómo funciona el cuerpo humano, la computadora necesita de una parte material, tangible y visible para funcionar, pero también de ideas, funciones y un "alma" que no se puede ver.

Ambas cosas reciben el nombre de hardware y software.

El hardware son los elementos físicos es decir los periféricos como: el teclado, el ratón, la pantalla o monitor, los cables, plaquetas y todo tipo de elementos que forman al computador de manera sólida.

El software, está en su interior, programado en la memoria, allí encontramos, lo que son los programas, los sistemas operativos y las funciones instaladas que le dan vida y coordinan lo material para funcionar.

PARTES DE UN COMPUTADOR

Hay tres elementos básicos sin los cuales no podríamos tener un computador.

1-Los discos que almacenan la información. Aquí estará guardado de fábrica el sistema operativo que haga funcionar lo básico, y en donde luego se podrán instalar los programas y guardar todos los archivos que forman parte de nuestro propio uso del aparato.

2-En segundo lugar, tiene que haber unidades que resuelvan y analicen cada una de las órdenes que los usuarios impartan, y los encargados de esto son el procesador y la memoria. La velocidad y la respuesta de un ordenador serán brindadas por estos elementos, que hoy en día pueden satisfacer millones de cálculos y ejecuciones en pocos segundos.

3-Y finalmente, son los elementos periféricos los que completan las funciones más importantes de una computadora. Lo que vemos a través de una pantalla, lo que escribimos mediante un teclado, o lo que imprimimos por una impresora es lo que en definitiva hacemos todo el tiempo, pero que dependen de los dos grupos de cosas anteriores. Con el tiempo seguramente podremos observar la evolución por siempre de estos aparatos.

DESARROLLO FÍSICO DEL COMPUTADOR

Para que un computador pueda ejecutar alguna instrucción, en primer lugar esta debe entregársele por algún medio físico y codificado en algún lenguaje entendible por el sistema. Si la orden está dada en forma correcta y si el computador cuenta con los medios necesarios para ejecutarla, lo hará.

Datos e Información

Los computadores procesan datos en información. Los datos son una colección de elementos no procesados, los cuales pueden incluir texto, números, imágenes, audio y video; que al final derivan toda la información que recibimos.

Componentes del Computador

Un computador está formado por muchos componentes digitales programables eléctricos, electrónicos y mecánicos conocidos como **"Hardware"**. Estos componentes incluyen:

1-Dispositivos que procesan datos de Entrada:

Un dispositivo de entrada es cualquier componente de hardware que le permite al usuario ingresar datos e instrucciones a la computadora. Seis de los que más se utilizan son:

Teclado

Escáner

Micrófono

Mouse

Cámara Digital

Cámaras Web

2-Dispositivos que procesan datos de Salida:

Un dispositivo de salida es cualquier componente de hardware que transmite información a una o más personas. Cuatro de los dispositivos de salida mayormente usados son:

a. Impresora

b. Monitor

c. Parlantes

c. Dispositivos Portátiles de Audio

3-Unidad Principal:

La unidad principal es cuerpo o chasis que contiene todos los componentes electrónicos de una computadora que son usados para procesar los datos. Los circuitos de la unidad principal usualmente son parte de o están conectados a los circuitos de una tarjeta llamada "tarjeta madre".

Dos componentes principales de la tarjeta madre son:

a. Procesador

b. Memoria

4-Dispositivos de Almacenamiento:

Estos dispositivos guardan datos, instrucciones e información para uso futuro. Por ejemplo, las computadoras pueden almacenar millones de nombres de clientes y direcciones. Esos elementos se guardan de manera permanente.

Un computador mantiene datos, instrucciones e información en medios de almacenamiento. Un dispositivo de almacenamiento escribe o registra y recupera o lee elementos de un medio de almacenamiento.

Entre algunos de los medios de almacenamiento más populares se encuentran:

a.Memoria USB

b.Discos Duros

c.CDs

d.DVD

e.Tarjetas de Memoria

5-Dispositivos de Comunicación:

Este es un componente de hardware que posibilita que la computadora envíe o transmita y reciba datos, instrucciones e información de una o más computadoras.

Los dispositivos de comunicación mayormente usados son los módems.

La comunicación puede ocurrir a través de cables, líneas de teléfono, redes de transmisión celular, satélites y otros medios de transmisión como el wifi. Algunos medios de transmisión tal como los satélites o las redes de telefonía celular son inalámbricas lo que significa que no utilizan líneas físicas o cables.

6-Usuarios de las Computadoras y sus categorías

Un computador u ordenador se compone principalmente de:

El HARDWARE:

Es el conjunto de los componentes físicos de los que está

hecho el equipo. Es la parte que podemos ver del computador, es decir todos los componentes de su estructura física.

La pantalla, el teclado, la torre y el ratón conforman el hardware de tu equipo.

El computador, habiendo sido diseñado para el procesamiento de datos, su organización es similar a la de cualquier otro proceso. Indiferente de lo que se desee procesar, siempre se tendrán tres elementos importantes, así:

1. La materia prima,

2. La transformación que es el proceso en sí

3 El producto final o terminado.

Ósea que la materia prima transformada en un nuevo producto. Así, el computador está conformado por dispositivos de entrada, unidad central de procesamiento, dispositivos de salida y adicionalmente memoria externa o dispositivos de almacenamiento.

El **hardware** básico agrupa a todos los componentes imprescindibles para el funcionamiento de la PC tales como:

-motherboard,

-monitor,

teclado y ratón,

siendo la motherboard, la memoria **RAM** y la **CPU** los componentes más importantes del conjunto.

Por otro lado, tenemos el **hardware complementario**, que es todo aquel componente no esencial para el funcionamiento de una PC como impresoras, cámaras, pendrives (una unidad de almacenamiento USB que sirve para llevar datos de un PC) y demás.

SOFTWARE:

Se define como el conjunto de programas, instrucciones y reglas informáticas, estos programas informáticos son los que hacen posible la realización de tareas específicas dentro de un computador, es decir: **Word, Excel, PowerPoint, , los sistemas operativos los navegadores web, los juegos.**

El **Software** es una secuencia de instrucciones que son interpretadas y ejecutadas para la gestión, redireccionamiento o modificación de un dato o información o suceso; el Software es un producto, el cual es desarrollado por la ingeniería de software, e incluye no sólo el programa para el computador, sino que también manuales y documentación técnica.

Clasificación del Software:

a. Software de Sistema: Este grupo comprende el sistema operativo, controladores de dispositivos, utilitarios de sistema y toda aquella herramienta que sirva para el control específico de las características de la computadora.

software de Aplicación: Se le llama software de aplicación a todos aquellos programas utilizados por los usuarios para la concreción de una tarea, y en este grupo podemos encontrar software del tipo ofimático, de diseño gráfico, de contabilidad y de electrónica, por solo citar una pequeña fracción de todas las categorías de aplicaciones que podemos encontrar en el mercado.

Sistema Operativo

Es un conjunto de programas indispensable para que el computador funcione. Estos se encargan de administrar todos los recursos de la unidad computacional y facilitan la comunicación con el usuario, el sistema operativo cuenta con programas especializados para diversas tareas, como son la puesta en marcha del equipo, la interpretación de comandos, el manejo de entrada y salida de información a través de los periféricos, acceso a discos, procesamiento de interrupciones, administración de memoria y procesador, entre otros.

Software de Aplicación

Es un conjunto de programas diferente al software del sistema, éstos se encargan de manipular la información que el usuario necesita procesar, son programas que desarrollan una tarea específica y cuya finalidad es permitirle al usuario realizar su trabajo con facilidad, rapidez, agilidad y precisión. Entre el software de aplicación se tiene varios grupos, como son: procesadores de texto, hoja electrónica, graficadores, bases de datos, agendas, programas de contabilidad, aplicaciones matemáticas, entre otros, algunos ejemplos son: **Word,**

Excel, Acces, Corel. Drew, FoxPro, Trident.

Lenguajes de Programación

En términos corrientes, son programas que sirven para crear otros programas. Al igual que el lenguaje natural constan de sintaxis, semántica y vocabulario que el computador puede entender y procesar.

Los lenguajes de programación se clasifican en tres categorías:

A-lenguaje de máquina,

B-lenguaje de bajo nivel

C-lenguaje de alto nivel.

En la actualidad se utilizan los últimos, cuyo vocabulario está formado por términos en inglés, como son: **C++, FoxPro, Visual Basic, Java, HTML.**

Terminología Utilizada

-Datos: Esta categoría está conformada por toda la información que el usuario introduce y procesa en el sistema, por ejemplo, la información almacenada en las bases de datos, los textos y gráficos.

-Algoritmo: listas de instrucciones para resolver un problema abstracto, es decir, que un número finito de pasos convierten los datos de un problema en la entrada, en una solución a salida.

-Diagramas de flujo: son descripciones gráficas de algoritmos; usan símbolos conectados con flechas para indicar la secuencia de instrucciones.

-Pseudocódigo: es una descripción de alto nivel de un algoritmo que emplea una mezcla de lenguaje natural con algunas convenciones sintácticas propias de lenguajes de programación, como asignaciones, ciclos y condicionales.

-Bit: Un bit es un digito binario y el elemento más pequeño de información del ordenador, el bit es un único dígito en un número binario (**0 o 1**).

-Byte: Se describe como la unidad básica de almacenamiento de información, generalmente equivalente a ocho bits, pero el tamaño del byte depende del código de información en el que se defina, 8 bits en español, a veces se le llama octeto y cada byte puede representar, por ejemplo, una letra.

-Kilobyte: Es una unidad de medida utilizada en informática que equivale a 1.024 bytes, se trata de una unidad de medida común para la capacidad de memoria o almacenamiento de las microcomputadoras.

-Megabyte: El Megabyte **(MB)** es una unidad de medida de cantidad de datos informáticos, es un múltiplo binario del byte, que equivale a 220 (1 048 576) bytes, traducido a efectos prácticos como 106 (**1 000 000) bytes.**

-Gigabyte: Un Gigabyte también es un múltiplo del byte, cuyo símbolo es GB, es la unidad de medida más utilizada en los discos duros, también es una unidad de almacenamiento. Es necesario acotar que un byte es un carácter cualquiera, sin embargo, un gigabyte, en sentido amplio, son **1.000.000.000 bytes** ósea mil millones de bytes, ó también, cambiando de unidad, 1.000 megas ósea **MG** o megabytes, pero con exactitud, **1 GB** son **1.073.741.824 bytes** o 1.024 MB, el Gigabyte también se conoce como Giga.

-Terabyte: Es la unidad de medida de la capacidad de memoria y de dispositivos de almacenamiento informático, disquete, disco duro, **CD-ROM**, es Una unidad de almacenamiento tan desorbitada que resulta imposible imaginársela, ya que coincide con algo más de un trillón de bytes es decir un uno seguido de dieciocho ceros, el Terabyte es una unidad de medida en informática y su símbolo es el **TB**. Es necesario acotar que todavía no se han desarrollado memorias de esta capacidad, aunque sí dispositivos de almacenamiento.

-Hertzio (Hz): es la unidad de medida de la frecuencia equivalente a 1/segundo, utilizado principalmente para los refrescos de pantalla de los monitores, en los que se considera **60 Hz** (redibujar 60 veces la pantalla cada segundo) como el mínimo aconsejable. Cabe a considerar que hoy en día los avances en comunicaciones e informática han hecho que se utilicen más sus múltiplos: **KHz, MHz, GHz**.

-Megahertzios (MHz): es una medida de frecuencia, Equivalente a un número de veces que ocurre algo en un segundo, en el caso de los ordenadores, un equipo a 200 MHz será capaz de dar 200 millones de pasos por segundo, en la velocidad real de trabajo no sólo influyen los MHz, sino también la arquitectura del procesador y el resto de los componentes; por ejemplo, dentro de la serie X86, un Pentium a 60 MHz era cerca del doble de rápido que un 486 a 66 MHz.

-Informática: es la ciencia que estudia el procesamiento automático de la información, aunque la necesidad de razonar sobre este tipo de procesos existe desde tiempo atrás, la consolidación de la informática como ciencia solo se produce con el desarrollo de los computadores, a partir de los años cuarenta, se trata, por lo tanto, de una ciencia muy joven, pero que ha evolucionado a gran velocidad.

-Computador: un computador es una máquina electrónica que procesa información siguiendo las instrucciones de un programa registrado. Para comunicarse con el exterior dispone de unos medios de entrada, a través de los que recibe la información, y unos medios de salida, por donde la envía, además de ello tiene dispositivos que le permiten almacenar la información (los datos, los resultados y el propio programa) y procesarla siguiendo las instrucciones del programa.

-ACS (Access Control List). Es una tabla que le dice a un sistema los derechos de acceso que cada usuario posee para un objeto determinado, como directorios, ficheros, puertos, etc. Técnicas para limitar el acceso a los recursos según la información de autenticidad y las normas de acceso.

-ADSL (Asymetric Digital Subscriber Line): Este sistema permite transmitir información en formato digital a través de las líneas normales de teléfono.

-Ancho de Banda: Número máximo de datos que pueden circular por un camino de línea ADSL en un tiempo determinado es decir en segundos.

-Agente: En el modelo cliente servidor, es la parte del sistema que facilita el intercambia de la información entre el cliente y el servidor.

-ARP (Address Resolution Protocol): Protocolo de resolución de dirección. Protocolo usado por una computadora para correlacionar una dirección **IP** con una dirección de hardware. Las computadoras que llaman el **ARP** difunden una solicitud a la que responde la computadora objetivo.

-ASCII (American Standard Code of Information Exchange) Estándar aceptado casi mundialmente que recoge 128 caracteres, letras, números y símbolos utilizados en procesadores de textos y algunos programas de comunicaciones. Su principal ventaja es su amplia difusión y aceptación. De hecho, la mayoría de los procesadores de textos presentes en el mercado pueden importar y exportar ficheros a formato ASCII, lo que facilita el intercambio de información entre personas o empresas que no trabajan con la misma aplicación.

-ATM (Asynchronous Transfer Mode): Protocolo orientado a conexiones de alta velocidad para el transporte de varios tipos de tráfico a través de una red. **ATM** empaqueta los datos en una celda de **53 bytes** de longitud fija que se puede intercambiar rápidamente entre conexiones lógicas de una red. El modo de transferencia asíncrona se llama también **ATM.**

-ATU (ADSL Terminal Unit): Se denomina ATU-R (ADSL Terminal Unit Remote) al módem situado en casa del usuario. ATU-C al terminal situado en la central (ADSL Terminal Unit Central).

-Baudio: Unidad de medida utilizada en comunicaciones. Hace referencia al número de intervalos elementales por segundo que supone una señal. Velocidad con que se mide un módem. Es la velocidad de conmutación, o el número de transiciones (cambios de voltaje o de frecuencia) que se realiza por segundo.

-Banda Ancha: Característica de cualquier red que permite la conexión de varias redes en un único cable. Para evitar las interferencias en la información manejada en cada red, se utilizan diferentes frecuencias para cada una de ellas. La banda ancha hace referencia también a una gran velocidad de transmisión.

-Binario: Se dice que un sistema es binario cuando sólo caben dos posibles resultados o respuestas a un planteamiento determinado. El código binario es la base de la informática, al reducir todas las posibles instrucciones interpretadas por la máquina a un código de unos y ceros: encendido/apagado; si o no, por el que el microprocesador funciona y ejecuta las órdenes introducidas en él.

-BIOS (Basic Input Output System): Pequeño programa que coordina las actividades de los distintos componentes de un ordenador y comprueba su estado. El término se refiere, por lo general, al **ROM BIOS** en un computador personal, que contiene ciertas partes del sistema operativo.

-Bit por segundo (bps): Razón a la cual pueden transmitirse datos por una red. La cantidad de bits por segundo puede diferir de la razón de baudios puesto que es posible codificar más de un bit en un solo baudio.

-Bridge: Aunque se utiliza también el término puente, es bastante usual encontrar la palabra bridge para designar un dispositivo que conecta dos o más redes físicas que utilizan el mismo protocolo de comunicaciones y encamina paquetes de datos entre ambas.

-Broadcasting: Existe un solo canal o medio de comunicación, que es compartido por todos los usuarios.

-Bug: Error en la codificación de un programa que provoca inconvenientes diversos al usuario.

-Cable coaxial: Se usa normalmente en la conexión de redes con topología de Bus como Ethernet y ArcNet. El cable coaxial es más inmune a las interferencias o al ruido que el par trenzado, es también mucho más rígido, por lo que al realizar las conexiones entre redes la labor será más dificultosa. La velocidad de transmisión que podemos alcanzar con el cable coaxial llega sólo hasta 10Mbps, en cambio con el par trenzado se consiguen 100Mbps.

-Cable FTP: Cable de par trenzado con pantalla global. En este tipo de cable como en el UTP, sus pares no están apantallados, pero sí dispone de una pantalla global para mejorar su nivel de protección ante interferencias externas. Su impedancia característica típica es de 120 OHMIOS y sus propiedades de transmisión son parecidas a las del UTP. Puede utilizar los mismos conectores RJ45.

-Cable STP: Cable de par trenzado apantallado. En este tipo de cable, cada par va recubierto por una malla conductora que actúa de pantalla frente a interferencias y ruido eléctrico. Su impedancia es de 150 Ohm. El nivel de protección del STP ante perturbaciones externas es mayor al ofrecido por UTP. Sin embargo, es más costoso y requiere más instalación. La pantalla del STP, para que sea más eficaz, requiere una configuración de interconexión con tierra (dotada de continuidad hasta el terminal), con el STP se suele utilizar conectores RJ49.

-Cable UTP: Cable de par trenzado no apantallado. Es el más simple y empleado, sin ningún tipo de pantalla adicional y con una impedancia característica de 100

-Ohmios: El conector más frecuente con el UTP es el **RJ45**, aunque también puede usarse otro (**RJ11, DB25, DB11**), dependiendo del adaptador de red.

-Codec Sistema: que permite reducir los problemas planteados por el gran espacio de almacenamiento que ocupan los archivos de vídeo. El Codec se utiliza para comprimir un archivo, para que ocupe el menor espacio posible, y descomprimirlo cuando tiene que ser reproducido.

-DHCP (Dynamic Host Configuration Protocol): Protocolo de configuración dinámica de host. Protocolo que usan los ordenadores para obtener información de configuración. El DHCP permite asignar una dirección IP a un ordenador sin requerir que un administrador lo configure en la base de datos de un servidor.

Dial-up: Conexión a Internet por medio de acceso telefónico a través de un módem (56kb/seg como máximo en la conexión).

Dirección IP o dirección de protocolo de Internet: La forma estándar de identificar un equipo que está conectado a Internet, de forma similar a como un número de teléfono es único dentro de una red telefónica. La dirección IP consta de cuatro números separados por puntos y cada número es menor de 256; por ejemplo 192.200.44.69. El administrador del servidor Web o su proveedor de servicios de Internet asignará una dirección IP a su equipo.

-DMZ o Zona Desmilitarizada: o zona sin dueño. Una DMZ es la zona física detrás de un servidor de seguridad de Internet y delante de un servidor de seguridad de segundo nivel que protege los sistemas y datos del servidor. En un escenario típico de una aplicación de Internet, la DMZ es la red de área local virtual (VLAN) física en la que se implementan los servidores Web, libre de cortafuegos.

-DNS: (Domain Name Server o servidor de nombres de dominio): Un servidor de nombres de dominio es un servidor ubicado en Internet que traduce las URLs (Uniform Resource Locator o localizador uniforme de fuentes) como http://www.adslayuda.com en direcciones IPs. Muchos ISPs no necesitan que se introduzca esta información en el router. Si está usted utilizando un tipo de conexión de IP estática, entonces puede necesitar introducir una dirección de DNS y una dirección de DNS secundaria específicas para que su conexión funcione adecuadamente. Si su tipo de conexión es dinámica o PPPoE, es muy probable que no necesite introducir una dirección de DNS.

-DSL (Significa Digital Subscriber): Line o línea digital de abonado. Un módem DSL utiliza sus líneas telefónicas existentes para transmitir datos a altas velocidades.

-DSLAM o Digital Subscriber Line: Acess MultiPlexer,

Multiplexador de Acceso de Línea de Suscriptor Digital; DSLAM es el equipo ubicado en la central telefónica que recoge la parte de datos de nuestra línea telefónica y de varios cientos o miles de otros abonados y lo entrega mediante una red ATM al proveedor de servicios de Internet.

-Domain Name Nombre de dominio: Son las denominaciones asignadas a los ordenadores de la red hosts y routers que equivalen a su IP adress. La correspondencia entre ambos sistemas se lleva a cabo mediante el DNS.

-Download: Anglicismo cuyo equivalente en español es bajar. Se trata del proceso mediante el cual se carga un programa a distancia.

EPROM (Erasable Programmable ROM): ROM programable y borrable. Se presenta como un circuito integrado normal, pero con una cubierta de cuarzo al vacío de forma que el chip pueda ser alcanzado por las radiaciones ultravioletas. Este tipo de memorias puede mantener memorizada la información durante un mínimo de 10 años con una pérdida no superior al 20 por 100. Se borran exponiéndolas durante unos minutos a rayos ultravioletas, que ponen a 0 todas las celdas de la memoria.

-EEPROM (Electrically Erasable Progammable Read Only Memory): Memoria de sólo lectura programable y borrable eléctricamente. Chip de memoria que retiene su contenido sin energía.

Puede borrarse, tanto dentro del computador como externamente. Por lo general requiere más voltaje para el borrado que el común de +5 voltios usado en circuitos lógicos. Funciona como RAM no volátil, pero grabar en EEPROM es mucho más lento que hacerlo en RAM.

-Encapsulado: Técnica en la que la información a enviar se coloca en el área de datos de un paquete o cuadro. Puede encapsularse el paquete de un protocolo en otro, por ejemplo, el ICMP puede encapsularse en IP.

-Ethernet: Red de área local LAN, medios compartidos desarrollada por Xerox, Digital e Intel. Es el método de acceso LAN que más se utiliza, seguido por Token Ring. Todos los mensajes se diseminan a todos los nodos en el segmento de red. Ethernet conecta hasta 1,024 nodos a 10 Mbps sobre un par trenzado, un cable coaxial y una fibra óptica.

-Fast Ethernet: Ethernet de alta velocidad a 100 Mbps, la Ethernet regular es de 10 Mbps.

-Fibra óptica: Sistema de transmisión que utiliza fibra de vidrio como conductor de frecuencias de luz visible o infrarrojas. Este tipo de transmisión tiene la ventaja de que no se pierde casi energía pese a la distancia, la señal no se debilita y que no le afectan las posibles interferencias electromagnéticas que sí afectan a la tecnología de cable de cobre clásica.

-Firmware: Software almacenado en memoria. Programas esenciales que permanecen incluso cuando se apaga el sistema. El firmware es más fácil de cambiar que el hardware, pero más permanente que el software almacenado en un disco.

-Full Duplex: Cualidad de los elementos que permiten la entrada y salida de datos de forma simultánea. El concepto está muy relacionado con el campo de las comunicaciones en vivo a través de la red, ya que indica que se puede, por ejemplo, oír y hablar al mismo tiempo.

-FTP-FTP: son las siglas de File Transfer Protocol, el nombre del protocolo estándar de transferencia de ficheros. Su misión es permitir a los usuarios recibir y enviar ficheros de todas las máquinas que sean servidores FTP. El usuario debe disponer del software que permita hacer la transferencia, actualmente todos los navegadores, ya disponen de ese software para recibir ficheros). Los ficheros pueden ser documentos, textos, imágenes, sonidos, programas, etc., es decir, cualquier cosa que se pueda almacenar en un fichero o archivo.

-Gateway: Pasarela, puerta de acceso. Realiza la conversión de protocolos entre diferentes tipos de redes o aplicaciones. Sirve para, por ejemplo, conectar una LAN de ordenadores personales a una red del tipo Internet.

-GNU: Licencia Publica General. Software desarrollado para distribución sin fines de lucro. El proyecto GNU es un acrónimo recursivo para GNU No es Unix comenzó en 1984 para desarrollar un sistema operativo tipo Unix completo, que fuera Software Libre. Las variantes del sistema operativo GNU, que utilizan el kernel Linux, son muy utilizadas. La gente a menudo se refiere erróneamente a estos sistemas como Linux, cuando es más preciso y concreto llamarlos GNU/Linux. Hay un kernel GNU en desarrollo, llamado Hurd, que será el llamado a sustituir al kernel Linux cuando esté desarrollado. La Free Software Foundation fue creada por Richard Stallman para financiar el proyecto GNU. Actualmente pone en las manos del usuario de Software Libre múltiples servicios para que la comunidad se desarrolle y sea productiva. y, sobre todo, LIBRE.

-GRE: En un túnel de una VPN de punto a punto, GRE (Generic Routing Encapsulation) será el protocolo de encapsulamiento más habitual, a fin de poder pasar un paquete de cualquier protocolo nativo envuelto en un paquete IP enviable por Internet. Esto incluye información de qué tipo de paquete se está encapsulando e información de la conexión entre el cliente y el servidor.

-Half Duplex: Se aplica a las líneas o buses que, admitiendo una comunicación bidireccional, ésta no puede ser simultánea.

-HTML (HyperText Markup Language): Lenguaje de marcado de Hipertexto. Es el lenguaje estándar para describir el contenido y la apariencia de las páginas en el WWW.

-HTTP **(Hiper Text Transfer Protocol):** Protocolo de transferencia de Hipertexto. Es el protocolo de Internet que permite que los exploradores del WWW recuperen información de los servidores.

HUB: Dispositivo que integra distintas clases de cables y arquitecturas o tipos de redes de área local.

-ICMP: Internet Control Message Protocol: Protocolo de control de mensajes de interred. Protocolo usado por el IP para informar de errores y excepciones. El ICMP también incluye mensajes informativos usados por algunos programas como ping.

-IGMP Internet Group Management Protocol: Es un protocolo que funciona como una extensión del protocolo IP. Se utiliza exclusivamente por los miembros de una red multicast para mantener su status de miembros, o para propagar información de direccionamiento. Un Gateway multicast manda mensajes una vez por minuto como máximo. Un Host receptor responde con un mensaje **IGMP,** que marca al Host como miembro activo. Un Host que no responde al mensaje se marca como inactivo en las tablas de direccionamiento de la red multicast

-Internet: Conjunto de redes de ordenadores creada a partir de redes de menos tamaño, cuyo origen reside en la cooperación de dos universidades estadounidenses. Es la red global compuesta de miles de redes de área local (**LAN**) y de redes de área extensa (**WAN**) que utiliza **TCP/IP** para proporcionar comunicaciones de ámbito mundial.

-Intranet: Red propia de una organización, diseñada y desarrollada siguiendo los protocolos propios de Internet, en particular el protocolo TCP/IP. Puede tratarse de una red aislada, es decir no conectada a Internet.

-IP Address: Dirección IP. Matrícula que identifica a un ordenador de la red. A los ordenadores personales se les asigna una **IP** Address para que naveguen por la red.

-IRC (Internet Relay Chat): Charla Interactiva Internet. Protocolo mundial para conversaciones simultáneas que permite comunicarse por escrito entre sí a través de ordenador a varias personas en tiempo real. El servicio **IRC** está estructurado mediante una red de servidores, cada uno de los cuales acepta conexiones de programas cliente, uno por cada usuario.

-ISP (Internet Service Provider): Proveedor de Servicios Internet. Un **ISP** es una empresa que proporciona conectividad a Internet para particulares y otras empresas u organizaciones.

-Kbps Kilobits por segundo: Unidad de medida de la velocidad de transmisión por una línea de telecomunicación. Cada kilobit está formado por mil bits.

-Lammer: Vocablo usado despectivamente para definir a aquellos que presumen de ser Hackers y no lo son.

-LAN (Local Área Network o Red de Área Local): Una **LAN** es un grupo de ordenadores y dispositivos conectados juntos en un área relativamente pequeña (como una casa o una oficina): Su red doméstica es considerada una **LAN.**

-LLC (Logical Link Control): Control de enlace lógico. Parte de la cabecera **LLC/SNAP** del **IEEE** usada para identificar el tipo de un paquete. La cabecera completa es de 8 octetos, de los que la parte LLC ocupa los primeros tres.

-MAC (Media Access Control): Control de Acceso al Medio, Una dirección **MAC** es la dirección hardware de un dispositivo conectado a una red.

-Máscara de subred: Cifra de 32 bits que especifica los bits de una dirección IP que corresponde a una red y a una subred. Las direcciones de bits no cubiertas por la máscara corresponden a la parte del host. También llamado máscara de dirección.

-Mbps Megabits por segundo: Unidad de medida de la velocidad de transmisión por una línea de telecomunicación. Cada megabit está formado por un millón de bits.

-Modem: Es un dispositivo que se conecta al ordenador y que permite intercambiar datos con otros ordenadores a través de la línea telefónica.

-MTU (Maximum Transmission Unit): Unidad máxima de transmisión. Cantidad máxima de datos que pueden transmitirse por una red en un sólo paquete. Cada tecnología de red define una MTU (por ejemplo, la **MTU** de la Ethernet es de **1500** octetos).

-NAT (Network Address Translation): Traducción de Direcciones de Red. Cambia las direcciones IP en el encabezado IP. Permite conectar con una sola dirección pública una serie de máquinas a Internet. También se emplea como medida de seguridad, para controlar el tráfico intercambiado por los usuarios con el exterior (Cortafuegos).

-NAPT (Network Address Port Translator) Traductor de Direcciones de Red y Puertos. Lleva a cabo traducción de direcciones y puertos de nivel de transporte.

-NetBEUI: Es el protocolo utilizado por las antiguas redes basadas en Microsoft

-NIC o Network Inter face Card: O tarjeta de red. Conectada a un slot libre del ordenador, es la encargada de gestionar las comunicaciones. Es, en definitiva, la que proporciona la conexión física entre el ordenador y el cable.

-NTP o Network Time Protocol: El protocolo NTP se utiliza para sincronizar servidores con una precisión de nanosegundos.

-P2P o peer-to-peer sharing: Compartición de igual a igual.

-PLC o PowerLine Comunications: Tecnología de comunicaciones por medio del cable eléctrico, permite conectar a internet a través de cualquier enchufe por medio de un modem Pc.

-PCMCIA o Personal Computer Memory Card International Association: Asociación Internacional de tarjetas de Memoria para Ordenadores Personales. Tarjeta estandarizada de expansión para ordenadores personales. Tecnología que permite conectar fácilmente gran variedad de dispositivos a un ordenador, normalmente un portátil o un PDA. Para conectar este dispositivo es necesario que el ordenador disponga del mismo tipo de ranura.

-POP o Post Office Protocol: Protocolo de Oficina de Correos. Protocolo diseñado para permitir a sistemas de usuario individual leer correo electrónico almacenado en un servidor.

-PPP o Point to Point Protocol: Protocolo de punto a punto. Se utiliza para la transmisión de información entre ordenadores por vía telefónica.

-PPTP o Point-to-Point Tunneling Protocol: El protocolo PPTP es un protocolo desarrollado por Microsoft y normalizado por la IETF (Internet Engineering Task Force) como RFC 2637 para el acceso a redes privadas virtuales (VPN). Este protocolo se emplea en situaciones en las que los usuarios de una red privada corporativa precisan de un acceso a la red privada desde un lugar remoto.

-Protocolo: Se denomina protocolo a un conjunto de normas y procedimientos para la transmisión de datos que ha de ser observado por los dos extremos de un proceso comunicacional el emisor y el receptor.

-Proxy: Es un programa que realiza la tarea de encaminador, utilizado en redes locales, su función es similar a la de un router.

-Reset: Podría traducirse en español por Re-inicialización. Los ordenadores personales suelen incorporar un interruptor en la CPU que permite arrancar la máquina sin necesidad de cumplir las secuencias habituales de apagado y nuevo encendido.

-Router Enrutador: Originalmente, se identificaba con el término Gateway, sobre todo en referencia a la red Internet. En general, debe considerarse como el elemento responsable de discernir cuál es el camino más adecuado para la transmisión de mensajes en una red compleja que está soportando un tráfico intenso de datos.

-SMTP (Simple Mail Transfer Protocol): Protocolo Simple de Trasferencia de Correo. Protocolo que se usa para trasmitir correo electrónico entre servidores.

SNMP o Simple Network Management Protocol: protocolo simple de gestión de red, Es un conjunto de especificaciones de comunicación de red muy simple que cubre los mínimos necesarios de gestión, exigiendo muy poco esfuerzo a la red sobre el que está implementado.

-Socket: Número de identificación compuesto por dos números: La dirección IP y el número de puerto TCP. En la misma red, el N.º IP es el mismo, mientras el N.º de puerto es el que varía.

-Switch: Dispositivo de red que filtra, envía e inunda de frames en base a la dirección de destino de cada frame. El Switch opera en la capa de enlace de datos del modelo

-OSI: En general se aplica a un dispositivo electrónico o mecánico que permite establecer una conexión cuando resulte necesario y terminarla cuando ya no hay sesión alguna que soportar.

-TCP O Transmission Control Protocol: El protocolo TCP proporciona un servicio de comunicación que forma un circuito, es decir, que el flujo de datos entre el origen y el destino parece que sea continuo. TCP proporciona un circuito virtual el cual es llamado una conexión. Al contrario que los programas que utilizan UDP, los que utilizan el TCP tienen un servicio de conexión entre los programas llamados y los que llaman, chequeo de errores, control de flujo y capacidad de interrupción.

-TCP/IP (Transmission Control Protocol over Internet Protocol): Protocolo de Control de Transmisión sobre Protocolo de Internet. Éste es el protocolo estándar para la transmisión de datos por Internet. Proporciona comunicación entre redes interconectadas formadas por equipos con distintas arquitecturas de hardware y distintos sistemas operativos.

-Telnet: Protocolo estándar de Internet que permite al usuario conectarse a un ordenador remoto y utilizarlo como si estuviera en una de sus terminales.

-Tunneling: La tecnología de túneles Tunneling es un modo de transferir datos entre 2 redes similares sobre una red intermedia. También se llama encapsulación, a la tecnología de túneles que encierra un tipo de paquete de datos dentro del paquete de otro protocolo, que en este caso sería **TCP/IP.** La tecnología de túneles **VPN,** añade otra dimensión al proceso de túneles antes nombrado encapsulación, ya que los paquetes están encriptados de forma de los datos son ilegibles para los extraños.

-UDP (User Datagram Protocol): El protocolo UDP proporciona aplicaciones con un tipo de servicio de datagramas orientado a transacciones. El servicio es muy parecido al protocolo **IP**, pero varía en el sentido de que no es fiable y no está orientado a la conexión. El **UDP** es simple, eficiente e ideal para aplicaciones como el **TFTP** y el

DNS.

-VC o Virtual Chanel: Canal Virtual.

-VCC o Virtual Chanel Connection: Conexión de Canal Virtual. Está definido como un encadenamiento de enlaces de canales virtuales.

-VCI o Virtual Chanel Identifier: Identificador de Canal Virtual. Es un valor de 16 bits en la cabecera de la celda ATM que provee un identificador único de un canal virtual.

-VPN (Virtual Private Network): Red privada virtual. Red de comunicaciones de área ancha provista por una portadora común que suministra aquello que asemeja líneas dedicadas cuando se utilizan, pero las troncales de base se comparten entre todos los clientes como en una red pública. Permite configurar una red privada dentro de una red pública.

-WAN: Red de área amplia. Cualquier red pública es de este tipo. Su característica definitoria es que no tiene límites en cuanto a su amplitud. Existen redes privadas de gran cobertura soportadas en estructuras físicas que son propiedad de operadores nacionales o internacionales.

-WWW (World Wide Web): Telaraña o malla mundial. Sistema de información con mecanismos de hipertexto creado por investigadores del **CERN.** Los usuarios pueden crear, editar y visualizar documentos de hipertexto.

CAPÍTULO 3

POLITICA DE SEGURIDAD INFORMATICA:

Claves de las políticas de seguridad informática

Las políticas de seguridad informática consisten en una serie de normas y directrices que permiten garantizar la confidencialidad, integridad y disponibilidad de la información y minimizar los riesgos que le afectan.

Una política de seguridad se define a alto nivel, esto es, qué se debe proteger y cómo, es decir, el conjunto de controles que se deben implementar. Esta se desarrolla en una serie de procedimientos e instrucciones técnicas que recogen las medidas técnicas y organizativas que se establecen para dar cumplimiento a dicha política.

La definición de una política de seguridad debe estar basada en una identificación y análisis previo de los riesgos a los que está expuesta la información y debe incluir todos los procesos, sistemas y personal de la organización. Además, tiene que haber sido aprobada por la dirección de la organización y comunicada a todo el personal; entrando más en detalle, el cuerpo normativo de seguridad de la información de una organización consta principalmente de las siguientes políticas y procedimientos:

Buenas prácticas

El documento de buenas prácticas de Seguridad de la Información; puede ser un documento específico, cláusulas anexas a los contratos de los empleados, debería recoger, entre otras cosas, el uso aceptable de los sistemas y la información por parte del personal, las directrices para mantener el puesto de trabajo despejado, el bloqueo de equipo desatendido, la protección de contraseñas.

Procedimiento de control de accesos

Recoge las medidas técnicas y organizativas relacionadas con los permisos de acceso a las instalaciones y sistemas que albergan la información de la organización, así como el acceso a la propia información. Los controles de acceso pueden ser físicos o lógicos y algunos ejemplos de ellos son:

1-Controles de acceso físico

Mecanismos y sistemas implementados para controlar el acceso de personas a las instalaciones de la organización como, por ejemplo, tornos, barreras, cámaras, alarmas, sistemas de apertura de puertas biométricos o por tarjeta, etc. Otros ejemplos de controles de acceso físico son también: albergar la información en armarios cerrados con llave y, en general, cualquier medio físico que dificulte o no permita el acceso no autorizado a la información.

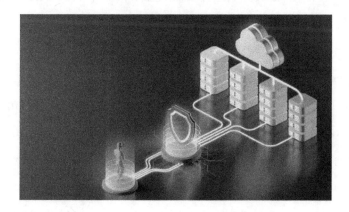

2-Controles de acceso lógico

Sistemas implementados para controlar el acceso de los usuarios a los distintos sistemas que albergan la información o el acceso a la propia información.

Ejemplos de controles de acceso lógico son la implementación de un NAC (control de acceso de equipos y usuarios a la red), la configuración de permisos de lectura y escritura sobre los propios archivos de información, sistemas de login en los distintos sistemas, autorizaciones de acceso remoto de los usuarios a la red a través de una **VPN (**Virtual Private Network).

3-Procedimiento de gestión de usuarios

Recoge las instrucciones precisas a realizar para el alta, cambio de puesto de trabajo y baja (voluntaria o cese) de los usuarios en los distintos sistemas de información, así como para la concesión de los permisos de acceso tanto físicos como lógicos que deberían tener a las instalaciones, sistemas y a la propia información. Este procedimiento se debería basar y recoger una definición clara y concisa de los diferentes roles y responsabilidades de los usuarios, es decir, en función de los roles y responsabilidades del personal se le tendrían que conceder diferentes accesos y permisos, los mínimos y necesarios para el desempeño de su trabajo.

4-Procedimiento de clasificación y tratamiento de la información
Incluye las instrucciones acerca de cómo clasificar la información de acuerdo con su valor, requisitos legales, sensibilidad y criticidad para la organización y las medidas de protección y manipulación/tratamiento del mismo acorde a su clasificación.

5-Procedimiento de gestión de incidentes de seguridad de la información
Instrucciones para la notificación de incidentes, de respuesta a los mismos con las acciones a realizar al ser detectados.

Gestión de activos de información, copias de seguridad de la información, seguridad de la red, **antimalware,** registro y supervisión de eventos, actualización y parcheo de sistemas y equipos.

En resumen, las políticas de seguridad informática de una empresa u organismo deben adaptarse a todas sus necesidades y, en la medida de lo posible, ser atemporales. Es por ello por lo que cada vez se hace más necesario el rol del experto en ciberseguridad dentro de las organizaciones, un perfil profesional especializado en ciberseguridad y que responde a las nuevas necesidades en materia seguridad en un contexto de digitalización de las organizaciones.

Conclusión sobre las políticas de seguridad informática

Las políticas de seguridad informática son una herramienta fundamental para las empresas de cualquier tipo y tamaño, a la hora de concienciar a su personal sobre los riesgos de seguridad y proporcionar pautas de actuación concretas. Sin embargo, para que sean efectivas, estas deberán:

a-Redactarse en documentos que serán puestos a disposición de todo el personal

Ser flexibles y revisarse periódicamente, para que se adapten a los distintos cambios tecnológicos o de objetivos de la empresa.

b-Ser respaldadas completamente por la dirección de la empresa, de otra forma su adopción podría verse comprometida.

PLANES DE LA SEGURIDAD INFORMATICA PARA EMPRESAS

En la actualidad, son numerosos los riesgos que corre una compañía de sufrir ataques cibernéticos, y las vulneraciones de seguridad se incrementan día tras día. Por ello, acá te presentamos ejemplos de un plan de seguridad informática para una empresa

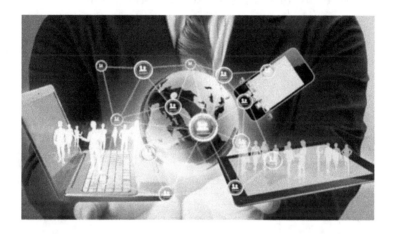

El Plan de Seguridad se ha diseñado como un documento básico que establece los principios organizativos y funcionales de la actividad de Seguridad, Este recoge claramente las políticas de seguridad y las responsabilidades.

El Plan se constituye el documento fundamental para el control y la seguridad en la explotación de las tecnologías informáticas, donde las medidas que se establecen son de obligatorio cumplimiento para todo el personal que haga uso de las tecnologías informáticas instaladas en la institución; existen unos ítems, que se deben tener muy en cuenta, ya que estos forman parte fundamental del Plan; estos son:

1. Identificar los bienes y patrimonio a resguardar

Toda empresa posee un conjunto de bienes muebles e inmuebles que conforman su estructura física, pero, además, también se cuenta con datos e información altamente sensible, la cual se encuentra almacenada en los distintos dispositivos informáticos.

El equipo técnico encargado de elaborar el plan de seguridad informática para una empresa debe tener en consideración todos estos aspectos, para así determinar, en acuerdo con la gerencia de la compañía, la prioridad en el orden de resguardo.

Por supuesto, en este apartado entran muchos otros elementos, como el personal de la empresa, los servicios de conexión de red, los servidores y demás herramientas informáticas que permiten el correcto funcionamiento de la compañía.

De esta manera, toda empresa, y en especial las pymes, podrán contar con un inventario adecuado de sus activos, para así atender de la mejor manera posible cualquier eventualidad que pueda suscitarse.

2. Detectar los riesgos y vulnerabilidades

Otro aspecto de vital importancia en el desarrollo de un plan de seguridad informática para una empresa tiene que ver con la identificación de los diferentes riesgos y vulnerabilidades que pueden dar al traste con los activos antes señalados.

Para ello, la empresa puede basarse en situaciones de seguridad informática que se hayan presentado con anterioridad, para así planificar y analizar el tipo de riesgo al cual se puede encontrar expuesto de una manera más frecuente.

Por ejemplo, resulta muy efectivo identificar aquellos virus, malwares, y fallas de software y hardware que ya se han presentado, y también aquellos que pueden ocurrir con mayor facilidad en el futuro.

Asimismo, es muy valioso llevar un registro de aquellas

eventualidades que se han presentado por impericia o error del personal en el ámbito informático, lo cual puede ayudar a corregirlos de manera oportuna.

3. Establecer prioridades de seguridad informática

La detección de los riesgos debe ir de la mano con un adecuado marco de prioridades para cualquier empresa. Esto quiere decir que debe establecerse un orden de riesgo, al momento de atender una amenaza o ataque que pueda presentarse.

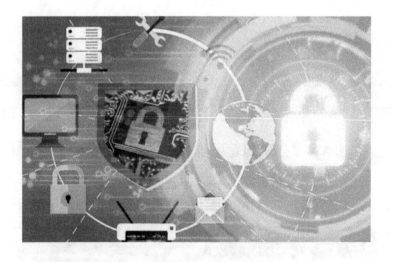

De esta manera, el plan de seguridad informática para la empresa podrá determinar cuál emergencia atender en primer lugar, y de manera sucesiva. Por ejemplo, si la protección de un servidor es más importante que la de una computadora, o una impresora.

Gracias a este orden de prioridades, las empresas logran resguardar aquellos activos más vulnerables y potencialmente más costosos, antes que aquellos que pudieran recuperarse de manera más rápida, o en circunstancias económicas menos dañinas.

4. Aplicar el plan de seguridad informática

Una vez presentada la eventualidad o amenaza debe aplicarse el plan de seguridad informática. Esto debe hacerse de una manera adecuada, minuciosa y profesional, para evitar alteraciones en la efectividad de lo planificado.

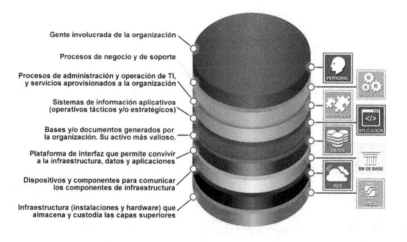

Además, la correcta aplicación del plan debe garantizar que la empresa podrá mantenerse operativa y funcional durante la ocurrencia de la eventualidad de seguridad, o al menos permitirá que las operaciones sean recuperadas en el menor tiempo posible.

De esta manera, se facilita que las pérdidas sean reducidas al mínimo, así como también que la recuperación de la empresa ante la amenaza producida pueda efectuarse de la manera menos traumática posible.

Otras consideraciones sobre el plan de seguridad informática

Si una empresa aspira que su plan de seguridad informática resulte exitoso, tanto en la etapa de planificación, como en la de aplicación, debe seguir un conjunto de recomendaciones adicionales.

En este caso, la viabilidad del plan dependerá en gran medida de la difusión de este entre todo el personal de la compañía, lo que aumentará su pericia y capacidad de reacción ante una amenaza.

Por su parte, el plan de seguridad debe regirse por un cuidadoso esquema de implementación, tomando en cuenta un calendario que puede ser sensible a cambios, pruebas de errores, entre otras condiciones.

Además, el personal del área informática de la empresa debe mantenerse en constante capacitación, para que pueda brindar la mejor atención y efectividad ante un cualquier percance en este ámbito, que requiere tanta precisión y conocimiento.

Gracias a esto, el equipo encargado de la seguridad informática podrá obtener las herramientas y habilidades necesarias para dotar de un adecuado mantenimiento a todos los activos involucrados con esa área dentro de la compañía.

En este orden de ideas, las pymes pueden considerarse como grandes beneficiarias de los planes de seguridad informática, ya que, con su implementación, su patrimonio se encontrará resguardado de la manera más eficiente.

CAPÍTULO 4

PROCEDIMIENTOS DE SEGURIDAD INFORMATICA EN SITIOS WEB

Antecedentes

El factor más importante dentro de la protección de activos de información se basa en la administración de la seguridad de la información.

El aumento de los servicios de correo electrónico externos, la pérdida de barreras organizacionales a través del uso de facilidades de acceso remoto; exposiciones de seguridad tales como virus, negaciones de servicio, intrusiones, accesos no autorizados, nos lleva a la necesidad de una administración efectiva de la seguridad de la información.

Además, la red mundial Internet y sus elementos asociados son mecanismos ágiles que proveen una alta gama de posibilidades de comunicación, interacción y entretenimiento, tales como elementos de multimedia, foros, chat, correo, comunidades, bibliotecas virtuales entre otros que pueden ser accedidos por todo tipo de público. Sin embargo, estos elementos deben contener mecanismos que protejan y reduzcan los riesgos de seguridad alojados, distribuidos y potencializados a través del mismo servicio de Internet.

La Seguridad Informática, es el área de la informática que se enfoca en la protección de la infraestructura computacional y todo lo relacionado con esta (incluyendo la información contenida), la Seguridad Informática no se limita al software y hardware, considera, su uso adecuado de las instalaciones donde se manejan, los siguientes aspectos:

a-Sistemas informáticos, Políticas de seguridad

b- Medidas de contingencia

c-Cultura de las personas y la organización

La seguridad informática se resume, por lo general, en cinco objetivos principales:

1-Integridad: garantizar que los datos sean los que se supone que son

2-Confidencialidad: asegurar que sólo los individuos autorizados tengan acceso a los recursos que se intercambian

3-Disponibilidad: garantizar el correcto funcionamiento de los sistemas de información

4-Evitar el rechazo: garantizar de que no pueda negar una operación realizada.

5-Autenticación: asegurar que las entidades que se comunican son los que dicen que son.

Aplicación de técnicas de Seguridad Informática en Sitios WEB

En temas de Seguridad Informática se encuentran muchos estudios, realizados principalmente por Universidades y Compañías dedicadas al desarrollo del Software de Antivirus; uno importante en México es el Artículo realizado por el departamento de Seguridad en Computo de la **UNAM-CERT** del 10 de marzo, donde se detallan varios aspectos de aplicación de seguridad en las Páginas WEB.

La compañía Microsoft, de acuerdo con su política de apoyo a los usuarios con las actualizaciones de su software genero un Procedimiento de Seguridad Básica para WEB; la compañía de desarrollo de aplicaciones antivirus **ESET,** en su página principal, puso al público varios videos explicativos de tipos de virus y técnicas de intrusión. (ESSET, 2014)

Métodos y/o procedimientos

Los riesgos en los sistemas informáticos son principalmente cualquier usuario que tenga un correo electrónico y acceso a Internet, donde periódicamente haga consultas o actualizaciones en portales que le presten servicios: Tiendas virtuales, Bancos, portal de correo, pago de servicios públicos, entre otros; de igual manera se debe detectar que se tiene que proteger:

1-Datos. - La Integridad, disponibilidad y confidencialidad

2-Personas e Instituciones. - Integridad, Imagen y la reputación

3-Identidad. - Evitar suplantación de nombre, IP, Cuenta de correo electrónico, URL

De esta manera se propone seguir lo correspondiente a la Seguridad Informática en la aplicación a los Sistemas WEB:

1.- Vulnerabilidades comunes de las páginas WEB

Las vulnerabilidades más comunes son las siguientes:

a-Confiabilidad de los datos del lado del cliente: Esta consta de modificar los datos que se le proporcionan a la aplicación con la finalidad de obtener diferentes respuestas por parte del servidor.

b- Manipulación de entradas: Dentro del contexto de un ataque a una aplicación Web, un atacante primero tratará de probar y manipular los campos de entrada para ganar acceso al servidor Web; esto puede categorizarse de la siguiente manera:

-Manipulación de URL o parámetros de CGI.

-Inyecciones en el encabezado HTML.

-Evasión de filtros / detección de intrusos.

-Manipulación de protocolos / métodos.

-Buffer Overflow.

c- Filtrado de caracteres de salida de HTML: El filtrado de caracteres ayuda a los desarrolladores a construir aplicaciones que no sean susceptibles de ataques de Cross Site Scripting (XSS).

d- Accesibilidad a la raíz ("root") de las aplicaciones Web: En forma ideal una aplicación Web no debe exponer el directorio raíz del servidor Web. Algunas veces, es posible para el usuario acceder al directorio raíz si éste puede manipular la entrada o el URL.

e-Falta de autentificación de los usuarios antes de realizar tareas críticas: Existen varias formas de brincarse el esquema de autentificación al usar una aplicación Web:

f- Requerimiento directo de la página (navegación forzada): Si la aplicación implementa control de acceso sólo en la página de **"login"**, el esquema de autentificación puede ser brincado.

Modificación de parámetros:

a-Predicción del identificador de sesión: Varias aplicaciones Web administran autentificación usando valores de identificación de sesión (**SESSION ID**). Si el identificador de sesión es generado de una forma predecible, un usuario malicioso puede obtener un número de sesión válido y obtener acceso no autorizado a la aplicación, sustituyendo a un usuario previamente autentificado. Para esto hay técnicas como la predicción de cookies

b- Inyección de SQL: Una inyección de SQL es una metodología de ataque que tiene como objetivo los datos residentes en la base de datos. Intenta modificar los parámetros de la aplicación Web con la finalidad de alterar las instrucciones de SQL que son analizados para la recuperación de los datos de la base de datos. El atacante toma ventaja de una mala codificación o administración del sitio Web. Un ataque exitoso de inyección de SQL puede:

-Leer datos de la base de datos.

-Modificar datos (INSERT/UPDATE/DELETE).

-Ejecutar operaciones administrativas en la base de datos; bajar la base de datos **"shutdown"**

-Recuperar el contenido de un archivo presente en el sistema de archivos del DBMS.

-Enviar comandos al sistema operativo.

2.- Técnicas de codificación segura

a-Nunca confié de las entradas: es La más importante medida de defensa que los desarrolladores, toman esta puede validar la entrada que su software recibe debido a que las entradas no revisadas o mal revisadas es la fuente de las peores vulnerabilidades existentes incluyendo **buffer Overflow**, inyección de **SQL,** y una gran variedad de otras. Las situaciones siempre llegarán a un nivel en que tienes que depender de entradas correctas para producir resultados correctos.

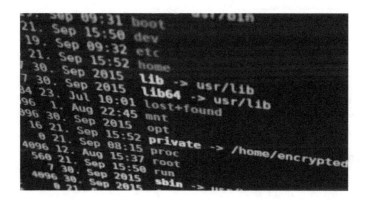

No se puede ser responsable de conocer donde todas las entradas que recibes son correctas, sin embargo, si se puede ser responsables de que las entradas aceptadas no sean obviamente equivocadas; esto nos lleva a que se tienen que aceptar las entradas, pero no se puede confiar en ellas, entonces ejecutaremos lo Siguiente:

1-Realizar una revisión de sanidad.

2-Corroborarlas.

3-Tomar control de los límites y aceptar valores que se pueda saber con cierta certeza que son aceptables.

4- Validar las entradas.

5-Validar la entrada aún, si esta viene sobre una conexión segura, o llega de una fuente **"confiable"**; o si está protegida por permisos de archivo estrictos; No permita que la seguridad de los programas dependa:

a-Del intelecto

b- Conocimiento profundo; o buen comportamiento de las Agentes que configuran, desarrollan, o lo mantienen.

c-Realice validaciones de entrada no sólo sobre las entradas de los usuarios, sino además sobre los datos de cualquier fuente fuera del código.

Ejecute una lista de Procedimientos Analíticos de Seguridad; esta lista debe incluir como Mínimo, sin limitarla, lo siguiente:

1-Parámetros de línea de comando.

2-Archivos de configuración.

3-Datos recuperados de una base de datos.

4-Variables de ambiente.

5-Servicios de red.

6-Valores del Registro (Registry).

7-Propiedades del sistema.

8-Archivos temporales.

b- Validación de entrada fuerte: La aproximación correcta para validar la entrada es revisarla contra una lista de valores buenos; una buena validación no intenta revisar contra valores malos específicos.

La validación contra valores buenos conocidos es llamada **"lista blanca"**; estas listas blancas pueden ser de dos tipos:

A-Sólo ciertos valores: blanco, verde, rojo.

B-sólo ciertos elementos: números, caracteres, alfanuméricos.

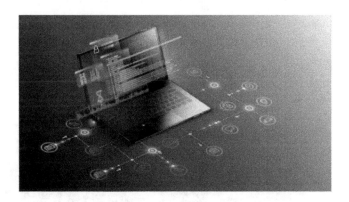

Las **listas Negras** rechazan en forma selectiva o **"escapan"** entradas potencialmente peligrosas de valores o secuencias; en otras palabras, una lista negra rechaza sólo datos conocidos como malos, debido a que el conjunto de valores malos dentro de un contexto determinado es usualmente difícil de enumerar o puede ser infinito, una lista negra tiende a estar incompleta, Generalmente.

c-Limitar las entradas numéricas: Revise las entradas numéricas contra un valor máximo y uno mínimo como parte de la validación de entradas; es importante que Cuide de operaciones que pueden ser capaces de generar un número mayor al valor máximo o mínimo permitido, esto siempre se da cuando un atacante toma ventaja del límite de capacidad de una variable entera, el problema puede causar un **buffer Overflow.**

3.- Pruebas de Intrusión

En el mercado del Software, existen programas para verificar la seguridad de sitios WEB como son:

1-WGET: es una herramienta de línea de comandos para Unix y Windows que permite bajar el contenido de un sitio Web, trabaja en forma no interactiva, en el "background", trabaja particularmente bien con conexiones no estables y lentas

2-WEBSCARAB: es un marco de trabajo para analizar aplicaciones web que se comunica usando los protocolos HTTP y HTTPS.

Está escrito en Java, por lo que es portable a muchas plataformas. WEBSCARAB tiene muchos modos de operación, implementados por varios plugins. Su uso más común es operar WEBSCARAB como un proxy de intercepción, que permite al operador revisar y modificar las peticiones creadas por el navegador antes de que sean enviados al servidor, y para revisar y modificar respuestas enviadas por el servidor antes de que sean recibidas por el navegador; **WEBSCARAB** es capaz de interceptar comunicación en **HTTP** y **HTTPS**.

4.- Seguridad en Infraestructura de TI

En esta área se utiliza una Implementación de:

a- **SOC (Security Operation Center)**: Administrar, monitorear, controlar, manejar incidentes de seguridad y brindar soporte centralizado.

b- **Zonas Seguras:** Definir los lineamientos y controles de los sistemas y redes para reforzar la seguridad con diferentes tecnologías como firewalls, **IPS** y **VPN.**

b- **Endurecimiento:** Desarrollar y aplicar guías de configuración segura a una muestra de equipos para prevenir ataques o amenazas de seguridad.

MAE-VPN-IPS
Túneles IPSec con MikroTik

5.- Concientización del personal

Se debe concientizar al personal interno de la importancia de la Seguridad Informática en las empresas, a través de políticas de difusión y de capacitación, culturizando en los siguientes aspectos:

1-Programa de concientización y entrenamiento.

2-Modificar hábitos inseguros en la operación diaria.

3-Capacitar a un grupo de entrenadores líderes en la cultura de la seguridad, quienes a su vez concientizarán al personal sobre los riesgos de no utilizar prácticas de seguridad.

4-Diseñar e implantar un programa de comunicación a través de medios de comunicación como: carteles correo electrónico, protectores de pantalla y trípticos, para fomentar la cultura a toda la empresa.

5-Controlar la navegación de los usuarios.

6-Establecer políticas que regulen el uso de aplicaciones y el acceso a estas.

7-Controlar la fuga de información a través de correos electrónicos, control de dispositivos de almacenamiento tales como: pen drive, discos duros, entre otros.

8-Políticas de uso de contraseñas fuertes.

9-Capacitación

10-Formar a personal de TI en temas especializados de seguridad informática.

Conclusiones

Los tiempos actuales hacen que la información sea una herramienta valiosa para todas las empresas, esto hace que la seguridad de la misma información tome una relevancia importante.

Por tal motivo no basta con solo enfocarse en la seguridad física, sino que se tiene que voltear a la Seguridad de los Sistemas Informáticos que se tienen además de considerar aspectos como la Tecnología, Gente y Procesos.

La aplicación de la Seguridad Informática a los Sistemas WEB internos es preponderante ya que la información es "poder" pero depende de quién la tenga y para que la quiera usar.

CONCEPTOS BÁSICOS SOBRE SEGURIDAD INFORMÁTICA

La seguridad informática es el área de la computación que se enfoca en la protección y la privatización de sus sistemas y en esta se pueden encontrar dos tipos:

1-Seguridad Lógica: se enfoca en la protección de los contenidos y su información.

2-Seguridad Física: Es aplicada a los equipos como tal, ya que el ataque no es estrictamente al software del computador como tal sino también al hardware.

Las amenazas pueden presentarse de manera externa como manera interna, y la forma de ataques que comúnmente se utiliza es el ataque mediante virus que son archivos que pueden alterar información o datos de otro archivo, sin consentimiento del usuario; la manera externa es la que se realiza desde afuera y no posee tanta seguridad, por lo tanto es fácil de combatir, y por ende más difícil por parte del perpetrador llegar a concretar su ataque, en cambio de la interna que es mucho más peligrosa ya que no necesita estar conectado en red el computador para recibir el ataque.

Funcionamiento de las opciones de seguridad:

Ninguno está libre de las amenazas y peligros que viven en Internet. Por este motivo, se hace necesario la implantación de soluciones de seguridad que aseguren las murallas de nuestras computadoras, para que nuestros sistemas estén a salvo.

Importancia de la Seguridad Informática en las Empresas

La existencia de **hackers** o **piratas informáticos** es toda una realidad que las compañías no pueden ignorar. De hecho, la violación de los datos de una empresa se produce, en la gran mayoría de ocasiones, por espías informáticos contratados por Empresas competidoras. Este es un problema de seguridad importante, ya que el trabajo de muchos años puede verse arruinado en tan solo unos instantes y se pone en riesgo no solo la consecución de objetivos, sino hasta la continuidad del negocio; la capacidad para luchar contra este tipo de amenazas permite a las empresas ser mucho menos vulnerables, es por ello por lo que es de suprema importancia, Resguardar los siguientes aspectos:

1-Los datos y la información deben estar protegidos.

2-Las configuraciones corren menos riesgo, cuando se tiene Claves de Seguridad.

3-El spam se reduce.

4-La suplantación de la identidad es evitada.

5-La experiencia de usuario se mejora considerablemente.

ATAQUES Y AMENAZAS:

Los ataques cibernéticos o ciberataques aprovechan las vulnerabilidades, ya estén asociadas al software, a los dispositivos informáticos o a las personas que los administran y utilizan.

Con el aumento de la complejidad de los sitios web y el rápido desarrollo de aplicaciones, aumenta la posibilidad de sufrir ataques. Mientras tanto, los piratas **informáticos y cibermercenarios** crean, distribuyen y utilizan sofisticadas herramientas de **Exploit y malware** para robar o destruir datos empresariales fundamentales, comprometer sitios web e interrumpir estructuras operativas, a continuación, Nombraremos algunos de los conceptos más tenidos en cuenta, en cuanto a los ataques y amenazas:

a-Pirata informático: Es aquel que tiene como práctica regular la reproducción, apropiación y distribución con fines lucrativos y a gran escala de contenidos, tales como: soporte lógico, vídeos, música, entre otros; de los que no posee licencia o permiso de su autor. Suele generalmente apoyarse de una computadora o un soporte tecnológico para estas acciones, Una de las prácticas de piratería de contenidos más conocida es la del software.

Hacker: Es alguien que descubre las debilidades de un computador o un sistema de comunicación e información. Los hackers pueden estar motivados por una multitud de razones, incluyendo fines de lucro, protesta o por el desafío.

De igual forma se dice que un hacker es una persona que por sus avanzados conocimientos en el área de informática tiene un desempeño extraordinario en el tema y es capaz de realizar muchas actividades desafiantes e ilícitas desde un ordenador. Veremos en seguida cuales son los aspectos más sobresalientes de este tipo de personas.

Craker: El término se utiliza para referirse a las personas que rompen o vulneran algún sistema de seguridad de forma ilícita. Mayormente, se entiende que los crackers se dedican a la edición desautorizada de software propietario.

Virus: Programa diseñado para que, al ejecutarse, se copie a sí mismo adjuntándose en aplicaciones existentes en el equipo. De esta manera, cuando se ejecuta una aplicación infectada, puede infectar otros archivos; los efectos que pueden provocar varían dependiendo de cada tipo de virus: mostrar un mensaje, sobrescribir archivos, borrar archivos, enviar información confidencial mediante correos electrónicos a terceros, Los más comunes son los que infectan a ficheros ejecutables.

Troyano: Se trata de un tipo de programa maligno o software malicioso que se caracteriza por carecer de capacidad de autorreplicación. Generalmente, este tipo de programa maligno requiere del uso de la ingeniería social para su propagación, una de las características de los troyanos es que al ejecutarse no se evidencian señales de un mal funcionamiento; sin embargo, mientras el usuario realiza tareas habituales en su ordenador, el programa puede abrir diversos canales de comunicación con un equipo malicioso remoto que permitirán al atacante controlar nuestro sistema de una forma absoluta.

Gusano: Es un programa malicioso o programa maligno, que tiene como característica principal su alto grado de «dispersabilidad», es decir, lo rápidamente que se propaga, mientras que los troyanos dependen de que un usuario acceda a una web maliciosa o ejecute un fichero infectado, los gusanos realizan copias de sí mismos, infectan a otros ordenadores y se propagan automáticamente en una red independientemente de la acción humana.

Su fin es replicarse a nuevos sistemas para infectarlos y seguir replicándose a otros equipos informáticos, aprovechándose de todo tipo de medios como el correo electrónico, el chat, programas para compartir archivos.

Adware: Es cualquier programa que automáticamente va mostrando

Manual de Seguridad Informática

publicidad al usuario durante su instalación o durante su uso y con ello genera beneficios a sus creadores. Aunque se asocia al **malware**, no tiene que serlo forzosamente, ya que puede ser un medio legítimo usado por desarrolladores de software que lo implementan en sus programas, ge-neralmente en las versiones shareware, haciéndolo desaparecer en el momento en que adquirimos la versión completa del programa. Se convierte en **malware** o **programa maligno** en el momento en que empieza a recopilar información sobre el ordenador donde se encuentra instalado.

Scumware: Tipo de programa maligno que evita ser desinstalado o eliminado a toda costa, pues cuenta con protección para no permitirlo, convirtiéndose así en un programa molesto e indeseable.

Spyware: Es un programa maligno que recopila información de un ordenador y después la envía a una entidad remota sin el conocimiento o el consentimiento del propietario del ordenador; el término spyware también se utiliza más ampliamente para referirse a otros productos como adware, falsos antivirus o troyanos.

Retrovirus: Es un virus informático, que intenta evitar o esconder la operación de un programa antivirus. El ataque puede ser específico a un antivirus o en forma genérica. Normalmente los retrovirus no son dañinos en sí. Básicamente su función consiste en despejar el camino para la entrada de otros virus realmente destructivos, que lo acompañan en el código.

Phreaker: Es una persona que con amplios conocimientos de telefonía puede llegar a realizar actividades no autorizadas con los teléfonos, especialmente con los smartphones. Construyen equipos electrónicos artesanales que pueden interceptar y hasta ejecutar llamadas de smartphones sin que el titular se percate de ello.

Bomba lógica: Trozo de código insertado intencionalmente en un programa informá-tico que permanece oculto hasta cumplirse una o más condiciones preprogramadas, momento en el que se ejecuta una acción maliciosa; la característica general de una bomba lógica y que lo diferencia de un virus es que este código insertado se ejecuta cuando una determinada condición se produce, por ejemplo, tras encender el ordenador una serie de veces, o pasados una serie de días desde el momento en que la bomba lógica se instaló en nuestro ordenador.

Rogue o Scareware: Son sitios web o programas que simulan ser una aplicación de seguridad, generalmente gratuita, pero que en realidad instalan otros programas dañinos. Bajo la promesa de solucionar falsas infecciones, cuando el usuario instala estos programas, su sistema es infectado, estos programas, que en la mayoría de los casos son falsos antivirus, no suelen realizar exploraciones reales, ni tampoco eliminan los virus del sistema si los tuviera, simplemente informan que se ha realizado con éxito la desinfección del equipo, aunque en realidad no se realizado ninguna acción.

Malware: Conocido también como un **Programa Maligno**; Es un tipo de software que tiene como objetivo dañar o infiltrarse sin el consentimiento de su propietario en un sistema de información. Palabra que nace de la unión de los términos en inglés de software malintencionado: malicious software; dentro de esta definición tiene cabida un amplio elenco de programas maliciosos: **virus, gusanos, troyanos, backdoors, spyware,** La nota común a todos estos programas es su carácter dañino o lesivo.

Crimeware: Tipo de programa que ha sido diseñado, mediante técnicas de ingeniería social u otras técnicas genéricas de fraude en línea, con el fin de conseguir el robo de identidades para acceder a los datos de usuario de las cuentas en línea de compañías de servicios financieros o compañías de venta por correo, con el objetivo de obtener los fondos de dichas cuentas, o de completar transacciones no autorizadas por su propietario legítimo, que enriquecerán al ladrón que controla el **Crimeware.**

Browser hijacker: Se llama así o secuestro del navegador a la apropiación que realizan algunos **spyware** sobre el buscador, lanzando popups, modificando la página de inicio o de búsqueda predeterminada.

Spam: Los términos correo basura, correo no solicitado y mensaje basura hacen referencia a los mensajes no solicitados, no deseados o con remitente no conocido o incluso correo anónimo o de falso remitente, habitualmente de tipo publicitario, generalmente son enviados en grandes cantidades incluso masivas, que perjudican de alguna o varias maneras al receptor. La acción de enviar dichos mensajes se denomina **spamming.**

Ingeniería Social: son tácticas utilizadas para obtener información datos de naturaleza sensible, en muchas ocasiones **claves o códigos,** de una persona. Estas técnicas de persuasión suelen valerse de la buena voluntad y falta de precaución de la víctima.

Ataque de fuerza bruta: Es un procedimiento para averiguar una contraseña que consiste en probar todas las combinaciones posibles hasta encontrar la combinación correcta.

Los ataques por fuerza bruta, dado que utilizan el método de prueba y error, tardan mucho tiempo en encontrar la combinación correcta, hablamos en ocasiones de miles años, por esta razón, la fuerza bruta suele combinarse con un ataque de diccionario.

Ataque de diccionario: Es un procedimiento para averiguar una contraseña que consiste en probar un conjunto de palabras, signos, números y combinación de todos estos previamente escritos en un archivo que se corresponden a las contraseñas más utilizadas hasta encontrar la combinación correcta.

Web bug: Es una de las diversas técnicas utilizadas en las páginas web o en el correo electrónico para permitir discretamente, por lo general de forma invisible, esto para verificar si un usuario ha accedido a algún contenido. Aunque el uso que se hace es normalmente para análisis web, puede utilizarse con diferentes fines, incluyendo ataques al usuario, abusándose de vulnerabilidades conocidas de los programas que utiliza, confirmación de direcciones electrónicas, en este caso para envío masivo de spam o para comercialización de bases de direcciones confirmadas

Cookie: Es un pequeño fichero que almacena información enviada por un sitio web y que se almacena en el equipo del usuario, de manera que el sitio web puede consultar la actividad previa del usuario. Sus principales funciones son:

llevar el control de usuarios: cuando un usuario introduce su nombre de usuario y contraseña, se almacena una cookie para que no tenga que estar introduciéndolas para cada página del servidor o recabar información sobre los hábitos de navegación del usuario.

Utilizado en forma maliciosa: esto puede significar un ataque contra la privacidad de los usuarios y es por lo que hay que tener cuidado con ellas.

Usage tracks: Las pistas de uso son la historia de los sitios web que ha visitado, las páginas web que ha abierto, los documentos que ha leído o editado, los programas que ha ejecutado y otra información que graba sus actividades. Esta información se almacena en su computadora y puede ser útil ya que puede acelerar el acceso a los datos, pero también puede utilizarse en intentos de robo de identidad o para comprometer su computadora si son usadas por un atacante.

Dialer Maligno: Es un programa de marcación a menudo utilizado por los delincuentes cibernéticos para marcar números de teléfono con tarifas especiales a expensas de la víctima.

Keylogger: Es un software o hardware que puede interceptar y guardar las pulsaciones realizadas en el teclado de un equipo que haya sido colocado. Se sitúa entre el teclado y el sistema operativo para poder realizar su función. En el uso ilegal se convierte en un ya que permite el capturar información confidencial, como contraseñas o información financiera que posteriormente se envía a terceros para su explotación con fines delictivos.

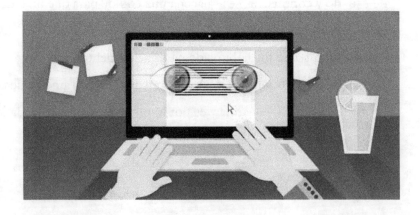

Pharming: Tipo de ataque informático que aprovecha una vulnerabilidad del software de los servidores **DNS** y que consiste en modificar o sustituir el archivo del servidor de nombres de dominio cambiando la dirección IP legítima de una entidad comúnmente una entidad bancaria, de manera que en el momento en el que el usuario escribe el nombre de dominio de la entidad en la barra de direcciones, el navegador redirigirá automáticamente al usuario a una dirección IP donde se aloja una web falsa que suplantará la identidad legítima de la entidad, obteniéndose de forma ilícita las claves de acceso de los clientes la entidad.

Spoofing: Es una técnica de suplantación de identidad en la Red, llevada a cabo por un ciberdelincuente generalmente gracias a un proceso de investigación o con el uso de programa maligno. Los ataques de seguridad en las redes usando técnicas de **Spoofing** ponen en riesgo la privacidad de los usuarios, así como la integridad de sus datos; de acuerdo con la tecnología utilizada se pueden diferenciar varios tipos de Spoofing, pero la más utilizada es el **IP Spoofing,** que consiste en la suplantación de la dirección **IP** de origen de un paquete **TCP/ IP** por otra dirección IP a la cual se desea suplantar.

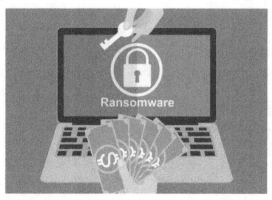

Ransomware: El ciberdelincuente, toma control del equipo infectado y **«secuestra»** la información del usuario cifrándola, de tal forma que permanece ilegible si no se cuenta con la contraseña de descifrado. De esta manera extorsiona al usuario pidiendo un rescate económico a cambio de esta contraseña para que, supuestamente, pueda recuperar sus datos.

Bug: Es un error o fallo en un programa de dispositivo o sistema de software que desencadena un resultado indeseado.

Hole: Un agujero del sistema son fallos o deficiencias de un programa que pueden permitir que un usuario no legítimo acceda a la información o lleve a cabo operaciones no permitidas de manera remota.

Exploit: Secuencia de comandos utilizados para, aprovechándose de un fallo o vulnerabilidad en un sistema, provocar un comportamiento no deseado o imprevisto. Mediante la ejecución de Exploit se suele perseguir el acceso a un sistema de forma ilegítima, obtención de permisos de administración en un sistema ya accedido o un ataque de denegación de servicio a un sistema.

Backdoor: Se denomina backdoor o puerta trasera a cualquier punto débil de un programa o sistema mediante el cual una persona no autorizada puede acceder a un sistema.

Botnet: Es un conjunto de ordenadores (denominados bots) controlados remotamente por un atacante que pueden ser utilizados en conjunto para realizar actividades maliciosas como envío de spam, ataques de **DDoS.**

Zombi: Es el nombre que se da a los ordenadores controlados de manera remota por un ciberdelincuente al haber sido infectados por un programa maligno. El atacante remoto generalmente utiliza el ordenador Zombi para realizar actividades ilícitas a través de la Red, como el envío de comunicaciones electrónicas no deseadas, o la propagación de otro programa maligno.

Son sistemas Zombi los ordenadores que forman parte de una botnet, a los que el Botmaster utiliza para realizar acciones coordinadas como ataques de denegación de servicio.

Denegación de servicio (DDos): Es un conjunto de técnicas que tienen por objetivo dejar un servidor inoperativo. Mediante este tipo de ataques se busca sobrecargar un servidor y de esta forma impedir que los usuarios legítimos puedan utilizar los servicios por prestados por él. El ataque consiste en saturar con peticiones de servicio al servidor, hasta que éste no puede atenderlas, provocando su colapso.

Phishing: Es una estafa cometida a través de medios telemáticos mediante la cual el estafador intenta conseguir, de usuarios legítimos, información confidencial tales como: contraseñas, datos bancarios, entre otros de una forma fraudulenta.

El estafador o **phisher** suplanta la personalidad de una persona o empresa de confianza para que el receptor de una comunicación electrónica aparentemente oficial ya sea por vía email, fax, SMS o telefónicamente; de tal manera que crea en su veracidad y facilite, de este modo, los datos privados que resultan de interés para el estafador. Existen diferentes modalidades de **phishing:**

-Smishing: Esta Modalidad se realiza por vía de un mensaje de **SMS**.

-Vishing: en este caso es cuando se realiza utilizando **Voz IP**.

-Spear Phishing: Es en la que los atacantes intentan mediante un Correo Electrónico, que aparenta ser de un amigo o de una empresa conocida, con el único fin de conseguir que se les faciliten algunos datos como:

a-información financiera,

b- números de tarjeta de crédito,

c-cuentas bancarias o contraseñas.

Sniffer: Es un programa que monitoriza la información que circula por la red con el objeto de capturar información sirviendo para verificador de la calidad de la red. En su uso indebido, como el tráfico que viaja puede no estar cifrado podrá por tanto ser **«escuchado»** por el usuario del **Sniffer**.

Suplantación de identidad: Es la actividad maliciosa en la que un atacante se hace pasar por otra persona para cometer algún tipo de fraude, acoso o **cyberbulling**. Un ejemplo es, en las redes sociales, crear un perfil de otra persona e interactuar con otros usuarios haciéndose pasar por ella.

Sexting: Es el envío de material erótico o pornográfico a través de una red social. Pueden generar problemas legales, sociales y emocionales para quiénes lo sufren.

Grooming: Actividad que se produce cuando un adulto se hace pasar por un menor para chantajearle y para realizar algo ilegal con él.

Ciberbullying: Se trata de insultos, amenazas, chantajes y humillaciones entre menores a través de la red. En algunos casos puede incluso llegar a usurparse la identidad de un menor por otro o varios.

SOLUCIONES A LOS ATAQUES Y AMENAZAS

Antivirus: Es un programa informático específicamente diseñado para detectar, bloquear y eliminar un código malicioso, es cuál puede ser un

virus, troyanos, gusanos, así como proteger los equipos de otros programas peligrosos conocidos genéricamente como programas malignos; la forma de actuar del antivirus parte de una base de datos que contiene parte de los códigos utilizados en la creación del virus conocido; el antivirus compara el código binario de cada archivo ejecutable con esta base de datos y Además de esta técnica, se valen también de procesos de monitorización de los programas para detectar si éstos se comportan como programas maliciosos, es importante hacer notar que, para un correcto funcionamiento del antivirus, éste debe estar activado y actualizado en todo momento.

Firewall: Conocido como cortafuegos es un sistema de seguridad compuesto o bien de programas **software** o de dispositivos **hardware** situados en los puntos limítrofes de una red que tienen el objetivo de permitir y limitar, el flujo de tráfico entre los diferentes ámbitos que protege sobre la base de un conjunto de normas y otros criterios.

La funcionalidad básica de un cortafuego es asegurar que todas las comunicaciones entre la red e Internet se realicen conforme a las políticas de seguridad de la organización o corporación. Estos sistemas suelen poseer características de privacidad y autentificación.

Actualizaciones de sistema o parches: Son distintos cambios que se han aplicado a un programa para corregir errores, actualizarlo, eliminar secciones antiguas de software o simplemente añadirle funcionalidad. Muchos de estos parches sirven para corregir bugs o agujeros de seguridad detectados en el programa y así protegérsenos de potenciales amenazas.

Criptografía: Técnica que consiste en cifrar un mensaje, conocido como texto en claro, convirtiéndolo en un mensaje cifrado o criptograma, que resulta ilegible para todo aquel que no conozca el sistema mediante el cual ha sido cifrado. Existen dos tipos principales de criptografía:

-Criptografía Simétrica: es la más tradicional,

-Criptografía Asimétrica: clave pública.

Firma electrónica o digital: Se define como el conjunto de datos electrónicos que acompañan o que están asociados a un documento electrónico. Esta firma para ser reconocida debe cumplir las siguientes propiedades o requisitos:

1-Identificar al firmante: verificar la integridad del documento firmado,

2-Garantizar el no repudio en el origen: contar con la participación de un tercero de confianza.

3-Certificado electrónico reconocido: debe ser generada con un dispositivo seguro de creación de firma.

Una firma electrónica de un documento se consigue calculando el valor **«hash»** del documento y adjuntándolo al final de este, para luego cifrarlo con la clave pública de la persona a la que enviaremos el documento. De esta manera nadie pueda leerlo más que el receptor.

Programa anti-espía: Es un conjunto de herramientas pensadas para eliminar programas espías que recogen información de los equipos para comunicarla a otras personas sin permiso.

Programa antimalware: Es el programa encargado de analizar el sistema operativo para encontrar y eliminar software malicioso que ya está actuando en nuestra máquina.

Redes VPN: Son un tipo de red en el que se crea una extensión de una red privada para su acceso desde Internet, es como la red local que tienes en casa o en la oficina, pero sobre Internet. Sus siglas significan **Virtual Private Network** o **Red Privada Virtual.**

Gracias a una conexión **VPN,** podemos establecer contacto con máquinas que estén alojadas en nuestra red local u otras redes locales de forma totalmente segura, ya que la conexión que se establece entre ambas máquinas viaja totalmente cifrada, es como si desde nuestro equipo conectado a Internet estableciésemos un túnel privado y seguro hasta nuestro hogar o hasta nuestra oficina, con el que podremos comunicarnos sin temer que nuestros datos sean vulnerables.

PRINCIPIOS GENERALES DE PROTECCIÓN FÍSICA

1. Las medidas de protección deberán estar orientadas a prevenir los accesos no autorizados a las instalaciones. Deben disuadir cualquier intento de acceso no autorizado; también deberán detectar y retardar la presencia de personas planificando o llevando a cabo tales intentos, al mismo tiempo ofrecer un tiempo y capacidad de respuesta adecuado ante los mismos.

2. Será necesario evaluar la instalación tomando en cuenta:

- La importancia del entorno en el cual se encuentra ubicada la instalación,

- Los riesgos y amenazas locales o regionales de las instalaciones y la organización,

- El clima de seguridad nacional.

3. Las medidas de protección por sí solas no proporcionarán la protección adecuada; ellas deben ser apoyadas por todo el personal que allí labora siendo conscientes y ejerciendo sus responsabilidades de seguridad.

4. También será necesario clasificar las áreas, materiales, equipos y recursos estableciéndose prioridades conforme aquellas que sean las más críticas y vulnerables.

5. Los medios de protección empleados no sólo deben ser eficaces, también deben parecerlo, esto persuadirá a los delincuentes; de lo contrario, pueden acarrear severos problemas comprometiendo la seguridad de la instalación.

6. El uso de medidas de protección imprevisibles son un poderoso disuasivo para los delincuentes.

7. Las medidas empleadas no sólo deben prever los escenarios actuales; también deben anticiparse a los escenarios potenciales; si una situación seria se genera en el futuro, será demasiado tarde y su implementación resultará más costosa.

8. Para optimizar los niveles de protección será necesario incorporar el uso de tecnologías, como los sistemas electrónicos de protección que permitan reducir los costos de la fuerza de guardia.

9. La tecnología no necesariamente ahorra fuerza de guardia, pero sí optimiza y potencia sus capacidades actuales.

10. Los materiales y la información crítica deben concentrarse en lo posible, en un solo lugar.

Finalmente, la experiencia nos ha enseñado que ninguna medida puede garantizar la protección contra individuos decididos o grupos organizados que tienen el tiempo y la información necesaria, así como también la disposición a emprender una actividad delictiva contra cualquier organización o persona.

Pero la aplicación de estos principios sin duda nos ayudará a reducir las probabilidades de ocurrencia; y de suceder minimizar su frecuencia, impacto y severidad.

NORMATIVA QUE PROTEGE LOS DATOS PERSONALES

Muy a menudo, en nuestra vida diaria, nuestros datos personales son solicitados para realizar diversos trámites en empresas o en organismos tanto públicos como privados; por ejemplo, cuando cambiamos de número de móvil o contratamos un nuevo proveedor servicios de Internet. Desde ese instante, nuestro nombre, apellidos, dirección pasan a formar parte de una serie de ficheros.

Su gestión está regulada por la Ley de Protección de Datos de Carácter Personal (**LO 15/1999**), más conocida como **LOPD**, que se desarrolla en el **RD 1720/2007,** y es supervisada por la Agencia Española de Protección de Datos (A.E.P.D)

El objetivo de esta ley es garantizar y proteger los derechos fundamentales y, especialmente, la intimidad de las personas físicas en relación con sus datos personales. Es decir, específica para qué se pueden usar, cómo debe ser el procedimiento de recogida que se debe aplicar y los derechos que tienen las personas a las que se refieren, entre otros aspectos.

Es habitual encontrar carteles donde se hacen referencia a esta ley, por ejemplo, en las estaciones de RENFE o cuando rellenas tu matrícula.

Los datos personales recogidos, serán tratados con su consentimiento, informado en los términos del artículo 5 de la Ley Orgánica 15/ 1999, y de conformidad con los principios dispuestos; en la misma y en la Ley 8/2001, de la Comunidad de Madrid, pudiendo ejercer el derecho de acceso, rectificación, cancelación y oposición ante el responsable del fichero. Para cualquier cuestión relacionada con esta materia, o si tiene usted alguna sugerencia que permita mejorar este impreso, puede dirigirse a la Oficina de información administrativa o a la oficina de Protección de datos

La LOPD no solo la tenemos que conocer desde nuestra profesión como técnicos en sistemas microinformáticos y redes, sino también como particulares, ya que nuestros datos están almacenados en ficheros que deberán cumplir esta legislación.

Medidas de seguridad:

Siempre que se vaya a crear un fichero de datos de carácter personal, es necesario solicitar la aprobación de la Agencia de Protección de Datos. Cuando se realiza esta solicitud es obligatorio especificar los datos que contendrán el fichero y el nivel de seguridad que se aplicará al fichero. Los niveles de seguridad son tres: básico, medio y alto. Los datos implicados en cada uno de ellos se muestran en la tabla siguiente sobre datos y seguridad:

Nivel de Seguridad	Descripcion General del Fichero
Básico	Todos los datos personales deben tener mínimo este nivel.
Medio	En este Nivel están todas las Infracciones administrativas, Penales, Gestión tributaria, datos fiscales y financieros. Datos que proporcionan información sobre las características de Personalidad de las afectados.
Alto	En este Nivel están la ideología, la afiliación sindical, la religión, las Creencias ya sean de origen Racial, Salud o vida Sexual.

El nivel que debe aplicarse es el más alto que corresponda a los datos incluidos en el fichero, es decir, si solo contiene los datos personales, tales como: nombre, apellidos y NIF, el nivel es básico, pero si además se incluye la afiliación sindical, el nivel de seguridad del fichero será alto. Cada nivel tiene unas características de seguridad propias, como se ve en la tabla siguiente:

Nivel Seguridad y
Descripcion General de las Características de Seguridad

Básico: 1-Debe existir un documento de seguridad donde figuren las funciones y obligaciones de cada usuario del fichero.

2-El responsable del fichero debe mantener una lista de usuarios y sus accesos actualizada. Las contraseñas de los usuarios, en caso de ser este el método de autenticación; serán cambiadas en un periodo no superior a un año.

3-Es obligatorio crear un registro de las incidencias relacionadas con este fichero. Cualquier documento que contenga datos de carácter personal que se deseche tendrá que ser borrado o destruido.

4-Habrá que realizar copias de seguridad como mínimo una vez a la semana.

Medio: 1-Al menos una vez cada dos años, se Realizará una auditoría, se verificará que los procedimientos de seguridad aplicados sean los correctos.

2-Deben establecerse mecanismos para evitar el acceso reiterado no autorizado a los datos y sistemas de control de acceso a los lugares donde estén los equipos que almacenen los datos.

1-Los datos deben ser cifrados para que no se manipulen cuando se realice su transporte, por ejemplo, cuando se almacenen los datos en un portátil.

2-También deberán cifrarse para realizar cualquier transmisión por redes públicas o inalámbricas.

3-Las copias de seguridad deben almacenarse en un lugar físico diferente a los datos.

4-Deberán registrarse los intentos de acceso a los datos de los dos últimos años como mínimo.

Normativa de los Sistemas de Información y Comercio Electrónico

La regulación de los sistemas de información es un tema muy extenso y complejo, tanto que existe un organismo, la Comisión del Mercado de las Telecomunicaciones (**CMT**), que establece las normas y procedimientos de los mercados nacionales de comunicaciones electrónicas y de servicios audiovisuales. La ley 34/2002 de servicios de la información y el comercio electrónico regula el régimen jurídico de los servicios de la sociedad de la información y la contratación por vía electrónica en las empresas que proporcionan estos servicios establecidos en España o en estados miembros de la Unión Europea. Algunos de los aspectos más importantes de esta ley son:

1-Las empresas a las que afecta están obligadas a proporcionar información sobre nombre, domicilio, dirección de correo electrónico, número de identificación fiscal e información clara sobre el precio de los productos. Si esta información se incluye en la página web, la empresa estará cumpliendo con este requisito.

2-Exculpa de responsabilidad, siempre que no tengan conocimiento efectivo de la información contenida en sus servidores, a empresas que se dedican al alojamiento o almacenamiento de datos o enlaces a datos incluidos por clientes.

3-Establece la validez de los contratos realizados por vía electrónica. Para demostrar la existencia de dicho contrato jurídicamente es suficiente con la presentación del documento en formato electrónico. Por ejemplo, en el caso de los billetes de transporte adquiridos a través de Internet, el documento electrónico justifica dicho contrato.

AMENAZAS Y FRAUDES EN LOS SISTEMAS DE LA INFORMACIÓN

Durante los primeros meses de 2009, en España hemos vivido una época de crisis financiera, lo que ocasionó numerosos despidos en las empresas. La situación produjo un aumento en los casos de robos de información confidencial por parte de los empleados despedidos, y puso en evidencia la falta de seguridad informática en dichas empresas.

La seguridad de un sistema real nunca será completa, pero el uso de buenas políticas de seguridad es imprescindible paro evitar y minimizar los daños.

El objetivo final de la seguridad es proteger lo que la empresa posee. Todo aquello que es propiedad de la empresa se denomina activo. Un activo es tanto el mobiliario de la oficina (sillas, mesas, estanterías), como los equipos informáticos (servidores, ordenadores de escritorio, impresoras), como los datos que se manejan (datos de clientes, facturas, personal). Cualquier daño que se produzca sobre estos activos tendrá un impacto en la empresa.

Actuaciones para mejorar la seguridad

Los pasos para seguir para mejorar la seguridad son los siguientes:

a-Identificar los activos, es decir, los elementos que la empresa quiere proteger.

b- Formación de los trabajadores de las empresas en cuanto a materias de seguridad.

c-Concienciación de la importancia de la seguridad informática para los trabajadores de la empresa.

d-Evaluar los riesgos, considerando el impacto que pueden tener los daños que se produzcan sobre los activos y las vulnerabilidades del sistema.

e-Diseñar el plan de actuación, que debe incluir:

1-Las medidas que traten de minimizar el impacto de los daños ya producidos. Es lo que hemos estudiado referido a la seguridad pasiva.

2-Las medidos que traten de prevenir los daños minimizando la existencia de vulnerabilidades. Se trata de la seguridad activa.

3-Revisar periódicamente las medidas de seguridad adoptadas.

Vulnerabilidades:

Las vulnerabilidades de un sistema son una puerta abierta para posibles ataques, de ahí que sea tan importante tenerlas en cuenta; en cualquier momento podrían ser aprovechadas. Podemos diferenciar tres tipos de vulnerabilidades según cómo afectan a nuestro sistema:

1-Vulnerabilidades ya conocidas sobre aplicaciones o sistemas instalados: Son vulnerabilidades de las que ya tienen conocimiento las empresas que desarrollan el programa al que afecta y para las cuales ya existe una solución, que se publica en forma de parche.

Existen listas de correo relacionadas con las noticias oficiales de seguridad que informan de la detección de esas vulnerabilidades y las publicaciones de los parches a las que podemos suscribirnos.

2-Vulnerabilidades conocidas sobre aplicaciones no instaladas: Estas vulnerabilidades también son conocidas por las empresas desarrolladores de la aplicación, pero puesto que nosotros no tenemos dicha aplicación instalada no tendremos que actuar.

3-Vulnerabilidades aún no conocidas. Estas vulnerabilidades aún no han sido detectadas por la empresa que desarrolla el programa, por lo que, si otra persona ajena a dicha empresa detectara alguna, podría utilizarla contra todos los equipos que tienen instalado este programa.

Lograr que los sistemas y redes operen con seguridad resulta primordial para cualquier empresa y organismo.

Esto ha llevado a que empresas como Microsoft dispongan de departamentos dedicados exclusivamente a la seguridad, como es **Microsoft Security Response Center (MSRC).** Sus funciones son, entre otras, evaluar los informes que los clientes proporcionan sobre posibles vulnerabilidades en sus productos, y preparar y divulgar revisiones y boletines de seguridad que respondan a estos informes; para ello clasifica las vulnerabilidades en función de su gravedad, lo que nos da una idea de los efectos que pueden tener en los sistemas. En la siguiente tabla puedes ver dicha clasificación de gravedad de vulnerabilidades:

Calificación	Definición
Critica	Vulnerabilidad que puede permitir la propagación de un gusano de Internet sin la acción del usuario.
Importante	Vulnerabilidad que puede poner en peligro la confidencialidad, integridad o disponibilidad de los datos de los usuarios, o bien, la integridad o disponibilidad de los recursos de procesamiento.
Moderada	El impacto se puede reducir en gran medida a partir de factores como configuraciones predeterminadas, auditorías o la dificultad intrínseca en sacar partido a la vulnerabilidad.
Baja	Vulnerabilidad muy difícil de aprovechar o cuyo impacto es mínimo

Tipos de amenazas

Un sistema informático se ve expuesto a un gran número de amenazas y ataques. En este apartado veremos una pequeña introducción a las clasificaciones más importantes. Para identificar las amenazas a las que está expuesto un sistema informático realizaremos tres clasificaciones: la primera de los tipos de atacantes, la segunda de los tipos de ataques que puede sufrir y la tercera de cómo actúan estos ataques. La Tabla inferior recoge, en la primera columna, los nombres con los que se han denominado a las personas que llevan a cabo los ataques; en la segunda columna, una pequeña definición que los caracteriza.

Atacantes y Definición de la Amenaza

Hackers: Expertos informáticos con una gran curiosidad por descubrir las vulnerabilidades de los sistemas, pero sin motivación económica o dañina.

Crackers: Un hacker que, cuando rompe la seguridad de un sistema, lo hace con intención maliciosa, bien para dañarlo o para obtener un beneficio económico.

Phreakers: Crackers telefónicos, que sabotean las redes de telefonía para conseguir llamadas gratuitas

Sniffer: Expertos en redes que analizan el tráfico para obtener información extrayéndola de los paquetes que se transmiten por la red.

Lammers: Chicos jóvenes sin grandes conocimientos de informática pero que se consideran a sí mismos hackers y se vanaglorian de ello

Newbie: Hacker Novato.

Ciberterrorista: Expertos en informática e intrusiones en la red que trabajan para países y organizaciones como espías y saboteadores informáticos.

Programadores de virus: Expertos en programación, redes y sistemas que crean programas dañinos que producen efectos no deseados en los sistemas o aplicaciones

Carders: Personas que se dedican al ataque de los sistemas de tarjetas, como los cajeros automáticos.

Ataque a un sistema de acuerdo con sus Vulnerabilidades:

En la Presente tabla se Muestran los principales ataques que puede sufrir un sistema aprovechando sus vulnerabilidades.

Nombre del Ataque. Definición y Características

Interrupción: Un recurso del sistema o la red deja de estar disponible debido a un ataque.

Intercepción: Un intruso accede a la información de nuestro equipo o a la que enviamos por la red.

Modificación: La información ha sido modificada sin autorización, por lo que ya no es válida.

Fabricación: Se crea un producto; Ejemplo una página Web, difícil de distinguir del auténtico y que puede utilizarse para hacerse, como ejemplo, utilizando información confidencial del usuario

Pautas de protección para nuestro sistema:

Cualquier equipo conectado en red está expuesto a ser atacado. Como ya sabes, hay auténticos expertos informáticos que se dedican a buscar vulnerabilidades en los sistemas, dedicando mucho tiempo y esfuerzo a este fin. Para proteger tu sistema tendrás que ser más listo que ellos y dedicar también mucho tiempo y esfuerzo a esta tarea; algunas de las pautas que debes seguir son:

1-No instalar nada que no sea necesario en los servidores.

2-Actualizar todos los parches de seguridad. Muchos parches de seguridad corrigen vulnerabilidades de los programas por lo que es necesario mantener siempre actualizado el sistema.

3-Formar a los usuarios del sistema para que hagan uso de buenas prácticas.

4-Instalar un firewall. Esta herramienta permite controlar el tráfico entre una red privada y una pública.

5-Mantener copias de seguridad según las necesidades.

6-Gestionar y revisar los logs del sistema. Los logs reflejan toda la actividad desarrollada en el sistema, por la que su revisión periódica puede detectar a tiempo un posible ataque.

7-Tener Sentido común y experiencia previa del administrador.

Tipos de Amenazas:

Los tipos de amenazas pueden clasificarse también en función de cómo actúan los ataques, siendo los principales los que se han incluido en la tabla que aparece a continuación:

Spoofing: Suplanta la identidad de un PC o algún dato de este, como su dirección MAC.

Sniffing: Monitoriza y analiza el tráfico de la red para hacerse con información.

Conexión No Autorizada: Se buscan agujeros de la seguridad de un equipo o un servidor, y cuando se descubren, se realiza una conexión no autorizada a los mismos.

Malware o Programa Maligno: Se introducen programas malintencionados, tales como: virus, troyanos o gusanos: en nuestro equipo, dañando el sistema de múltiples formas.

Keyloggers: Se utiliza una herramienta que permite conocer todo lo que el usuario escribe a través del teclado, e incluso pueden realizar capturas de pantallas

Denegación de Servicio: Interrumpe el servicio que se está ofreciendo en servidores o redes de ordenadores. También denominado DoS o Denial of Service.

Ingeniería social: Se obtiene información confidencial de una persona u organismo para utilizarla con fines maliciosos. Los ejemplos más llamativos son el phishing y el spam.

Phishing: Se engaña al usuario para obtener su información confidencial suplantando la identidad de un organismo o página web de Internet.

CLASIFICACIÓN DE LA SEGURIDAD INFORMATICA

Se pueden hacer diversas clasificaciones de la seguridad informática en función de distintos criterios; según el activo a proteger, es decir, todos los recursos del sistema de información necesarios para el correcto funcionamiento de la actividad de la empresa, distinguiremos entre seguridad física y lógica; en dependencia del momento preciso de actuación, entre seguridad pasiva y activa, según se actúe antes de producirse el percance, de tal manera que se eviten los daños en el sistema, o después del percance, minimizando los efectos ocasionados por el mismo.

Seguridad física y lógica: En este apartado distinguiremos los distintos tipos de seguridad en función del recurso a proteger.

Seguridad física: Habitualmente nos centramos en protegernos de posibles hackers, virus y nos olvidamos de un aspecto muy importante en la seguridad informática, la seguridad física. La seguridad física es aquella que trata de proteger el hardware; los equipos informáticos, el cableado. de los posibles desastres naturales, terremotos, tifones, de incendios, inundaciones, sobrecargas eléctricas, de robos y un sinfín de amenazas más.

Utilización de Mecanismos de Defensa

Incendios: 1-El mobiliario de los centros de Computo debe ser ignífugo.

2-Evitar la localización del centro de procesamiento de datos cerca de zonas donde se manejen o almacenen sustancias inflamables o explosivos.

3-Deben existir sistemas antiincendios, detectores de humo, rociadores de gas, extintores; para sofocar el incendio en el menor tiempo posible y así evitar que se propague ocasionando numerosas pérdidas materiales.

Inundaciones:

1-Evitar la ubicación de los centros de Computo en las plantas bajas de los edificios para protegerse de la entrada de aguas superficiales.

2-Impermeabilizar las paredes y techos del **CPD.** Sellar las puertas para evitar la entrada de agua proveniente de las plantas superiores.

Robos: 1-Proteger los centros de Computo, mediante puertas con medidas biométricas, cámaras de seguridad, Profesionales de Seguridad; con todas estas medidas se pretende evitar la entrada de personal no autorizado, a las Instalaciones.

Señales electromagnéticas: 1-Evitar la ubicación de los centros de Computo, próximos a lugares con gran radiación de señales electromagnéticas, pues pueden interferir en el correcto funcionamiento de los equipos informáticos y del cableado de red.

2-En caso de no poder evitar la ubicación en zonas con grandes emisiones de este tipo de señales se debe proteger el centro frente a dichas emisiones mediante el uso de filtros o de cableado especial, o si es posible, utilizar fibra óptica, que no es sensible a este tipo de interferencias.

Apagones: Para evitar los apagones colocaremos Sistemas de Alimentación Ininterrumpida, SAl, que proporcionan corriente eléctrica durante un periodo de tiempo suficiente

Sobrecargas eléctricas: Además de proporcionar alimentación, los SAl profesionales incorporan filtros para evitar picos de tensión, es decir, estabilizan la señal eléctrica

Desastres naturales: Estando en continuo contacto con el Instituto Geográfico Nocional y la Agencia Estatal de Meteorología, estos organismos informan sobre los movimientos sísmicos y meteorológicos, de las áreas correspondientes.

Seguridad lógica

La seguridad lógica complementa a la seguridad física, protegiendo el software de los equipos informáticos, es decir, las aplicaciones y los datos de usuario, de robos, de pérdida de datos, entrada de virus informáticos, modificaciones no autorizadas de los datos, ataques desde la red, etc. Las principales amenazas y mecanismos en seguridad lógica, para salvaguardarnos de las mismas:

Robos: 1-Cifrar la información almacenada en los soportes para que en caso de robo no sea legible.

2-Utilizar contraseñas para evitar el acceso a la información.

3-Sistemas biométricos: tales como el uso de la huella dactilar, Tarjetas identificadoras, caligrafía, entre otros.

Pérdida de información: 1-Realizar copias de seguridad para poder restaurar la información perdida.

2-Uso de sistemas tolerantes a fallos, elección del sistema de ficheros del sistema operativo adecuado.

3-Uso de conjunto de discos redundantes, protege contra la pérdida de datos y proporciona la recuperación de los datos en tiempo real.

Entrada de virus: Uso de antivirus, que evite que se infecten los equipos con programas malintencionados.

Ataques desde la red: 1-Firewall, autorizando y auditando las conexiones permitidas.

2-Programas de monitorización.

3-Servidores Proxys, autorizando y auditando las conexiones permitidas.

Modificaciones no autorizadas: 1-Uso de contraseñas que no permitan el acceso a la información.

2-Uso de listas de control de acceso.

3- Cifrar documentos.

Seguridad activa y pasiva

Como se comentó al inicio del apartado 3, aquí el criterio de clasificación es el momento en el que se ponen en marcha las medidas oportunas.

Seguridad activa: La seguridad activa la podemos definir como el conjunto de medidas que previenen e intentan evitar los daños en los sistemas informáticos. A continuación, vamos o enumerar las principales técnicas de seguridad activa:

Descripcion General de los Mecanismos de Defensa

Uso de contraseñas: Previene el acceso a recursos por parte de personas no autorizadas.

Listas control acceso: Previene el acceso a los ficheros por parte de personal no autorizado

Encriptación: Evita que personas sin autorización puedan interpretar la información.

Uso de software de seguridad informática: Previene de virus informáticos y de entradas indeseadas al sistema informático.

Firmas y certificados digitales: Permite comprobar la procedencia, autenticidad e integridad de los mensajes.

Sistemas de ficheros con tolerancia a fallos: Previene fallos de integridad en caso de apagones de sincronización o comunicación.

Cuotas de disco: Previene que ciertos usuarios hagan un uso indebido de la capacidad de disco

Seguridad pasiva

La seguridad pasiva complementa a la seguridad activa y se encarga de minimizar los efectos que haya ocasionado algún percance. A continuación, enumeramos las técnicas más importantes de seguridad pasiva:

Técnicas de Seguridad Pasiva	Acciones para Minimizarla las Técnicas
Conjunto discos redundantes	Restaurar información que no es válida ni consistente.
SAl	Una vez que la corriente se pierde, las baterías del SAl se ponen en funcionamiento proporcionando la corriente necesaria para el correcto funcionamiento.
Realización, copias de seguridad	A partir de copias realizadas, podemos recuperar la información; en caso de pérdida de los datos.

Objetivos de la Seguridad Informática:

Si estudiamos las múltiples definiciones que de seguridad informática dan las distintas entidades, deduciremos los objetivos de la seguridad informática. Según la ISO27002, "La seguridad de la información se puede caracterizar por la preservación de:

a-Confidencialidad: consiste en la capacidad de garantizar que la información, almacenada en el sistema informático o transmitida por la red, solamente va a estar disponible para aquellas personas autorizadas a acceder a dicha información, es decir, que, si los contenidos cayesen en manos ajenas, estas no podrían acceder a la información o a su interpretación. Este es uno de los principales problemas a los que se enfrentan muchas empresas; en los últimos años se ha incrementado el robo de los portátiles con la consecuente pérdida de información confidencial, de clientes, líneas de negocio.

Confidencialidad

Seguridad
de la información

Integridad   **Disponibilidad**

b- Integridad: diremos que es la capacidad de garantizar que los datos no han sido modificados desde su creación sin autorización. La información que disponemos es válida y consistente. Este objetivo es muy importante cuando estamos realizando trámites bancarios por Internet. Se deberá garantizar que ningún intruso pueda capturar y modificar los datos en tránsito.

c- Disponibilidad: la definiremos como la capacidad de garantizar que tanto el sistema como los datos van a estar disponibles al usuario en todo momento. Pensemos, por ejemplo, en la importancia que tiene este objetivo para una empresa encargada de impartir ciclos formativos a distancia. Constantemente está recibiendo consultas, descargas a su sitio web, por lo que siempre deberá estar disponible para sus usuarios.

El no repudio, garantiza la participación de las partes en una comunicación. En toda comunicación, existe un emisor y un receptor, por lo que podemos distinguir dos tipos de no repudio:

a) No repudio en origen: garantiza que la persona que envía el mensaje no puede negar que es el emisor de este, ya que el receptor tendrá pruebas del envío.

b) No repudio en destino: El receptor no puede negar que recibió el mensaje, porque el emisor tiene pruebas de la recepción de este. Este servicio es muy importante en las transacciones comerciales por Internet, ya que incrementa la confianza entre las partes en las comunicaciones.

Objetivos Específicos:

Para conseguir los objetivos específicos se utilizan los siguientes mecanismos:

1-Autenticación: que permite identificar al emisor de un mensaje, al creador de un documento o al equipo que se conecta a una red o a un servicio.

2-Autorización: que controla el acceso de los usuarios a zonas restringidas, a distintos equipos y servicios después de haber superado el proceso de autenticación.

3-Auditoría: que verifica el correcto funcionamiento de las políticas o medidas de seguridad tomadas.

4-Encriptación: que ayuda a ocultar la información transmitida por la red o almacenada en los equipos, para que cualquier persona ajena no autorizada, sin el algoritmo y clave de descifrado, pueda acceder a los datos que se quieren proteger.

5-Realización de copias de seguridad e imágenes de respaldo: para que en caso de fallos nos permita la recuperación de la información perdida o dañada.

6-Antivirus: como su nombre indica, consiste en un programa que permite estar protegido contra las amenazas de los virus.

7-Cortafuegos o firewall: programa que audita y evita los intentos de conexión no deseados en ambos sentidos, desde los equipos hacia la red y viceversa.

8-Servidores proxys: consiste en ordenadores con software especial, que hacen de intermediario entre la red interna de una empresa y una red externa, como pueda ser Internet. Estos servidores, entre otras acciones, auditan y autorizan los accesos de los usuarios a distintos tipos de servicios como el de **FTP es decir** transferencia de ficheros, o el Web, conocido también como acceso a páginas de Internet.

9-Utilización firma electrónica o certificado digital: son mecanismos que garantizan la identidad de una persona o entidad evitando el no repudio en las comunicaciones o en la firma de documentos. También se utilizan mucho hoy en día para establecer comunicaciones seguras entre el PC del usuario y los servidores de Internet como las páginas web de los bancos.

10-Conjunto de leyes encaminadas a la protección de datos: ya sean de tipo personal, que obligan a las empresas a asegurar su confidencialidad.

Políticas de Copias de Seguridad

Las políticas de copias de seguridad deben definir el tipo de copias y la periodicidad de estas, así como los soportes en las que se deben realizar y las ubicaciones de los centros de respaldo.

Los centros de respaldo son las ubicaciones donde se guardan las copias de seguridad. Al realizar copias de seguridad y proceder a su etiquetado, una etiqueta correcta debería incluir la siguiente información:

1• Identificador de copia: Mediante esta cadena alfanumérica identificamos de manera unívoca cada una de las copias de seguridad realizadas.

2• Tipo de copia: Se debe de decir si la copia es incremental, diferencial o completa.

3• Fecha: en la que se realizó la copia.

4• Contenido: Siempre se incluirá el contenido en clave que almacena la copia de seguridad. En caso de querer recuperar un determinado archivo lo buscaremos sin necesidad de estar cargando cada una de las copias en el equipo.

5• Responsable: Debe figurar el técnico que realizó la copia de seguridad para poder pedirle que facilite las consultas o las peticiones de actualización y restauración de esta.

Al igual que debemos etiquetar correctamente las copias de seguridad, se debe llevar un registro exhaustivo de las mismas y de las restauraciones realizadas.

Un posible diseño de una hoja de registro es el siguiente, que, además de la información que se almacenaba en la etiqueta que adjuntamos al soporte, deberá incluir los siguientes campos:

6• Identificador de la etiqueta: Es un código que se incluye en la etiqueta para poder localizar de manera rápida la copia de seguridad.

7• Tipo de soporte: Especificar si la copia se ha realizado en una cinta, disco duro, unidad USB.

8• Ubicación: Dependiendo del número de copias de seguridad y de la importancia de estas estarán ubicadas en unos u otros lugares.

Se deberán registrar las restauraciones realizadas y los motivos que han ocasionado dicha recuperación. En las hojas de registro de las restauraciones se deben incluir los siguientes campos:

a-Fecha de restauración en la que se realizó la recuperación de la copia.

b- Incidencia que ha motivado la restauración. Decir la causa que ocasiona la pérdida de información.

c- Ubicación. Decir el equipo en el que se realiza la restauración de la información perdida.

d- Técnico. Saber quién es el responsable que lleva a cabo la actuación.

Toda política de copias de seguridad debe contemplar los siguientes puntos:

-Determinar la persona o personas responsables encargadas de realizar y mantener las copias de seguridad.

-Debemos analizar los datos susceptibles de ser salvaguardados en copias de seguridad.

-Debemos determinar el tipo de copia a realizar en función de los datos a salvaguardar y de la periodicidad con la que se modifican.

-Debemos determinar la frecuencia con la que se realizarán las copias de seguridad.

-Debemos determinar la ventana de backup teniendo en cuenta la duración que cada tipo de copia consumirá.

-Debemos determinar el tipo de soporte en el que se realizarán las copias de seguridad.

-Debemos determinar la ubicación de las copias de seguridad.

Modos de recuperación frente a pérdidas en el sistema operativo

Al igual que se crean copias de seguridad de los datos, debemos realizar otras copias del sistema operativo. Entre los métodos de recuperación más comunes se hallan:

a) **Restauración**: En el caso de los sistemas Windows, podremos intentar restaurar el sistema al estado en el que se encontraba antes de realizar la acción que produjo la avería.

Este modo de recuperación se llama restauración.

La restauración permite devolver los archivos del sistema a un momento anterior. Para ello debemos crear y guardar puntos de restauración. Los nuevos sistemas de Windows ofrecen la posibilidad de guardar puntos de restauración de manera automática, para lo cual deberemos tener activada la protección del sistema. En el caso de tenerla activada, este creará los puntos de restauración todos los días y justo ante de detectar el comienzo de la realización de cambios en el equipo. En caso de no tenerla activada, deberemos crearlos manualmente, cuando pensemos que alguna de las acciones que vayamos a realizar pueda dejar el sistema operativo en un estado inestable. La restauración a un punto anterior no afecta a los archivos personales, por lo que con dicha operación no podremos recuperar un archivo que hayamos eliminado.

b) Arranque con la última configuración válida conocida. Hay veces en la que la restauración del sistema no puede realizarse, bien porque no se hayan creado puntos de restauración o bien porque el sistema se encuentre demasiado degradado. En el caso de que no podamos iniciar Windows, pero sí se haya iniciado correctamente la última vez que se encendió el equipo, podremos utilizar este método.

c) Restaurar en modo seguro con sólo símbolo del sistema. Se usa en el caso en el que la última configuración válida no hubiese corregido el mal funcionamiento del sistema operativo.

Reiniciamos el equipo en modo seguro con símbolo de sistema, es decir, el sistema operativo se arranca con un conjunto limitado de archivos y controladores, y se inicia Windows con una ventana de símbolo de sistema en lugar de la clásica interfaz del sistema. En la ventana de símbolo de sistema escribimos el siguiente comando de archivo ejecutable: rstrui.exe y presionamos Enter.

d) Reparación de inicio de Windows o recuperación automática del sistema. Si falla todo lo anterior se usa este otro método. Cuando ejecutamos dicha opción el sistema examina el equipo en busca del problema e intenta corregirlo.

e) Creación y restauración de imágenes del sistema. Una imagen del sistema es una copia exacta de una unidad. De forma predeterminada, una imagen del sistema incluye las unidades necesarias para que se ejecute Windows. También incluye Windows y la configuración del sistema, así como sus programas y archivos. Existen aplicaciones como Norton Ghost o Acronis True Image, que hacen esto. Cuando creamos una copia de seguridad o imagen, podemos guardarla en una partición oculta del mismo disco donde tengamos instalado el sistema, de modo que, si más tarde necesitamos su restauración, la haremos utilizando una utilidad que Acronis True Image instalará en nuestro disco.

Copias de seguridad de los datos:

Las copias de seguridad de datos se deben de guardar en un sitio diferente al original y deben de estar perfectamente etiquetadas con códigos que sólo deben de conocer aquellas personas que los manejan. Las copias se deben de guardar una en el mismo centro de trabajo o edificio y otra en un lugar diferente. De esa manera se dificulta el acceso a esta información de los intrusos.

Las copias se harán de todos los archivos, ya que la finalidad de la copia de seguridad es poder recuperar los datos en caso de desastre, y en distintos soportes,

HDD, CDS's o DVD, s o en discos SSD, entre otros. Entre los soportes más comunes se encuentran:

1* Los discos **CD** y **DVD** regrabables, pero tienen el inconveniente de que ofrecen un número muy limitado de escrituras.

2* Las cintas se caracterizan por el gran volumen de almacenamiento, pero son más lentas que los discos duros convencionales y el acceso a los datos es secuencial.

3* Las memorias tipo flas no son muy recomendables por que se suelen estropear con facilidad.

4* Los discos duros usan un método de grabación basados en la imantación del soporte.

5* Soportes SSD son los que más se están utilizando para las copias de seguridad, pero su coste es muy elevado, no tienen elementos mecánicos.

Copia de seguridad de datos en Windows:

Hay muchas herramientas que permiten hacer copias de seguridad de los datos en sistemas Windows.

Una de ellas es el Backup4all. Esta herramienta nos permite proteger los datos de los posibles pérdidas parciales o totales, automatiza el proceso de realización de copias de seguridad y permite, comprimir los datos para ahorrar espacio de almacenamiento en formato zip. y cifrar las copias de seguridad.

Copia de seguridad de datos en Linux:

Hay muchas aplicaciones de Linux que permiten hacer copias de seguridad como Dump, Restore y Duplicity.

Tipos de copias de seguridad:

En los ordenadores, ya sean particulares o de empresas, se guarda gran cantidad de información, cuya pérdida podría ser un desastre. Es por eso, que tanto unos como otros deben realizar copias de seguridad de la información guardada en los ordenadores. Las copias de seguridad garantizan la integridad y disponibilidad de la información. Estas copias de seguridad se podrán hacer en soportes de almacenamiento como cintas, CD, DVD, en discos duros externos o en dispositivos de almacenamiento remotos; hay tres clases de copias de seguridad:

1-Completa: realiza una copia de todos los archivos y directorios seleccionados. Es la copia que debemos hacer cuando creamos la primera copia de seguridad.

2-Diferencial: se copian todos los archivos que se han creado o actualizado desde la última copia completa que se ha hecho.

3-Incremental: se copian los archivos que se han modificada desde la última copia de seguridad completa o diferencial realizada.

Copia de seguridad del registro

El Registro de Windows es una base de datos que contiene información del hardware, de las aplicaciones que tenemos instaladas e información de las cuentas. Habitualmente no es necesario que toquemos el Registro, ya que son las aplicaciones las que suelen introducir los cambios directamente en él. Se aconseja que siempre que se vaya a tocar el Registro se realice antes una copia de seguridad. La palabra clave que hay que escribir en el editor del Registro es REGEDIT.

Seguridad de la Información y Protección de Datos

En la Seguridad Informática se debe distinguir dos propósitos de protección, la Seguridad de la Información y la Protección de Datos.

Se debe distinguir entre los dos, porque forman la base y dan la razón, justificación en la selección de los elementos de información que requieren una atención especial dentro del marco de la Seguridad Informática y normalmente también dan el motivo y la obligación para su protección; sin embargo, hay que destacar que, aunque se diferencia entre la Seguridad de la Información y la Protección de Datos como motivo o obligación de las actividades de seguridad, las medidas de protección aplicadas normalmente serán las mismas, para ilustrar un poco la diferencia entre los dos, se recomiendo hacer el siguiente.

En la Seguridad de la Información el objetivo de la protección son los datos mismos y trata de evitar su perdida y modificación nonautorizado. La protección debe garantizar en primer lugar la confidencialidad, integridad y disponibilidad de los datos, sin embargo, existen más requisitos como por ejemplo la autenticidad entre otros; el motivo o el motor para implementar medidas de protección, que responden a la Seguridad de la Información, es el propio interés de la institución o persona que maneja los datos, porque la pérdida o modificación de los datos, le puede causar un daño (material o inmaterial). Entonces en referencia al ejercicio con el banco, la pérdida o la modificación errónea, sea causado intencional o simplemente por negligencia humana, de algún récord de una cuenta bancaria, puede resultar en pérdidas económicas u otras consecuencias negativas para la institución.

En el caso de la Protección de Datos, el objetivo de la protección no son los datos en sí mismo, sino el contenido de la información sobre personas, para evitar el abuso de esta.

Esta vez, el motivo o el motor para la implementación de medidas de protección, por parte de la institución o persona que maneja los datos, es la obligación jurídica o la simple ética personal, de evitar consecuencias negativas para las personas de las cuales se trata la información.

En muchos Estados existen normas jurídicas que regulan el tratamiento de los datos personales, como por ejemplo en España, donde existe la "Ley Orgánica de Protección de Datos de Carácter Personal" que tiene por objetivo garantizar y proteger, en lo que concierne al tratamiento de los datos personales, las libertades públicas y los derechos fundamentales de las personas físicas, y especialmente de su honor, intimidad y privacidad personal y familiar, Sin embargo el gran problema aparece cuando no existen leyes y normas jurídicas que evitan el abuso o mal uso de los datos personales o si no están aplicadas adecuadamente o arbitrariamente.

Existen algunas profesiones que, por su carácter profesional, están reconocidos u obligados, por su juramento, de respetar los datos personales como por ejemplo los médicos, abogados, jueces y también los sacerdotes. Pero independientemente, si o no existen normas jurídicas, la responsabilidad de un tratamiento adecuado de datos personales y las consecuencias que puede causar en el caso de no cumplirlo, recae sobre cada persona que maneja o tiene contacto con tal información, y debería tener sus raíces en códigos de conducta y finalmente la ética profesional y humana, de respetar y no perjudicar los derechos humanos y no hacer daño.

Si revisamos otra vez los resultados del ejercicio con el banco y en particular los elementos que clasificamos como **"Información Confidencial",** nos podemos preguntar:

1- ¿de qué manera nos podría perjudicar un supuesto mal manejo de nuestros datos personales, por parte del banco, con la consecuencia de que terminen en manos ajenas? Pues, no hay una respuesta clara en este momento sin conocer cuál es la amenaza.

2- ¿quién tuviera un interés en esta información y con qué propósito?

Elementos de Información:

Los Elementos de información son todos los componentes que contienen, mantienen o guardan información. Dependiendo de la literatura, también son llamados Activos o Recursos.

Elementos de Información

- Datos e información
  - Finanzas, RR.HH, Llamadas telefónicas, Correo electrónico, Base de Datos, Chateo, ...

- Sistemas e infraestructura
  - Edificio, Equipos de red, Computadoras, Portátiles, Memorias portátiles, Celulares, ...

- Personal
  - Junta Directiva, Coordinación, Administración, Personal técnico, ...

Son estos los Activos de una institución que tenemos que proteger, para evitar su perdida, modificación o el uso inadecuado de su contenido, para impedir daños para nuestra institución y las personas presentes en la información.

Generalmente se distingue y se divide en tres grupos

1-Datos e Información: son los datos e informaciones en sí mismo.

2-Sistemas e Infraestructura: son los componentes donde se mantienen o guardan los datos e informaciones

3-Personal: son todos los individuos que manejan o tienen acceso a los datos e informaciones y son los activos más difíciles de proteger, porque son móviles, pueden cambiar su afiliación y son impredecibles.

Definición de Backup

Nuestros datos no pueden residir solamente en un sitio, eso sería poco seguro. Imaginemos que tenemos las fotos de todos nuestros viajes en un disco duro y que, por un fallo mecánico, la superficie en la cual se almacenan los ficheros queda ilegible. Perderíamos todas las memorias y el bagaje que hemos ido acumulando durante años, sin remedio.

Para evitar llegar a tal extremo, tenemos que realizar copias de seguridad de nuestros datos, lo que en inglés se conoce como backup.

Un backup es lo mismo que realizar una copia de nuestros datos, sean estos de la naturaleza que sean e independientemente del formato de archivo en el que estén, es un medio de almacenamiento externo a nuestros sistemas informáticos, de forma que podamos recuperar la información en el caso de que estos sufran problemas de funcionamiento

En las empresas, esto permite garantizar la continuidad de la actividad de negocio, vital para la subsistencia de cualquier empresa, mientras que en el caso de los particulares les permite proteger y no perder sus memorias.

He oído casos de personas que, por no haber hecho copias de seguridad de sus datos, solamente tienen fotos de sus hijos desde, los cinco años, y ninguna anterior, ya que algún virus informático arrasó con sus ficheros.

Para evitar que nos pase eso, que seamos víctimas de algún accidente que nos lleve a perderlo todo, deberemos realizar copia de seguridad con regularidad y comprobar que los datos que esta contiene se pueden recuperar.

Hay varias formas de realizar **un backup**, o Copia de Seguridad; pero la clave está en que los datos siempre queden fuera del sistema informático que contiene los datos originales

Esto incluye proceder con medios de almacenamiento externo, que pueden ir desde simples discos duros USB hasta sistemas en la nube, mandando los datos a través de Internet.

Es importante que, siempre que sea posible, el medio en el que se hagan las copias de seguridad sea externo no solamente al sistema informático, sino incluso a las instalaciones donde este último se

encuentra, ya que en caso de algún incidente como, por ejemplo, un incendio o una inundación, aunque el lugar quede destruido, podremos salvar la información y, adquiriendo equipos nuevos, continuar con nuestro trabajo.

Es por ello, y gracias al auge de las conexiones de banda ancha, su abaratamiento, así como la bajada de precio del espacio en disco, que han empezado a proliferar ofertas de almacenamiento en la nube que permiten, a través de Internet, almacenar datos en servidores remotos para trabajar directamente con ellos a través de discos virtuales, o su uso como unidades remotas de backup.

Realizar **un backup** remoto es la forma más efectiva de salvaguardar nuestros datos, pero también comporta peligros para nuestra privacidad

Ello es así porque, si bien nuestros datos quedan fuera de las oficinas de nuestra empresa o de nuestro domicilio, también es cierto que estando en un servidor conectado a Internet las 24 horas del día, los 365 días del año, también es más susceptible de ser pirateado y que, por lo tanto, podamos sufrir algún acceso ilegal a nuestros datos, incluyendo los más sensibles; para protegernos, es indispensable que nuestra copia de seguridad **online SIEMPRE** debe estar encriptada.

Además de cómo y dónde almacenamos nuestros **backups,** también tenemos varias formas de llevarlos a cabo; para empezar, la copia completa que, como su nombre indica, consiste en copiar, cada vez que la realizamos, todo el contenido que hemos marcado para respaldar.

La copia incremental parte de una copia completa para almacenar, en días sucesivos, sólo aquellos ficheros nuevos. De esta forma, para recuperar la información, tenemos primero que restaurar la copia completa, y luego ir restaurando las sucesivas copias incrementales para recuperar los ficheros nuevos.

La ventaja de esta modalidad es que las copias incrementales que siguen a la copia completa ocupan un menor volumen en disco que si hiciéramos copia completa cada vez, tardando también menos tiempo en ser realizadas.

La copia diferencial es similar a la anterior incremental, parte de una copia completa, y luego en copias sucesivas lo que almacena son aquellos ficheros que han cambiado.

Nuevamente, en este caso jugamos con el menor volumen de ocupación de los ficheros que no constituyen una copia completa.

En las dos últimas modalidades, copia incremental y diferencial, habitualmente se realiza una copia completa cada cierto tiempo, y en todos los casos se guardan varias iteraciones de copias, de forma que sea muy fácil recuperar los datos incluso si los backups han sido afectado por un virus o similar.

No quiero despedirme sin volver a resaltar la importancia de la realización de copias de seguridad, ya que muchos peligros que nos acechan pueden provocar la pérdida total o parcial de nuestros datos más necesarios y/o queridos

Empezar puede ser tan simple como utilizar un pendrive USB o disco duro externo en el caso de un usuario particular, o una visita del informático si es el caso de una empresa.

Existen tres formas de realizar **Backup** o una **copia de seguridad**:

1-Backup completo: Como el nombre lo sugiere, se refiere al proceso de copiar todo aquello que fue previamente considerado importante y que no puede perderse. Esta copia de seguridad es la primera y la más consistente, ya que puede ser realizada sin la necesidad de herramientas adicionales.

2-Backup progresivo o incremental: Este proceso de copia exige un nivel de control mucho mayor sobre las distintas etapas del backup en sí, ya que realiza la copia los archivos teniendo en cuenta los cambios que sufrieron desde el último respaldo. Por ejemplo, imagina que has realizado **un backup** completo. Una vez terminado decides continuar con **un backup** progresivo y creas dos archivos nuevos. **El backup**

progresivo detectará que todos los archivos del backup completo son los mismos y procederá a copiar solamente los dos archivos nuevos que fueron creados. Por lo tanto, **el backup** progresivo representa un ahorro de tiempo y de espacio, ya que siempre habrá menos archivos para ser respaldados que si se llevara adelante un backup completo. Recomendamos que esta estrategia de backup no sea ejecutada manualmente.

3-Backup diferencial: El diferencial tiene la estructura básica del backup progresivo, es decir, hace copias de seguridad solo de los archivos que sufrieron alguna modificación o que son nuevos. El cambio en este modelo de **backup** está en que todos los archivos creados después del backup completo siempre serán copiados nuevamente. Debido a las similitudes con el modelo anterior, tampoco se recomienda que el proceso se realice manualmente.

Errores Comunes a la hora de Realizar un backup

Ahora que ya vimos algunos aspectos relacionados a la importancia del backup, a continuación, Presentamos algunas recomendaciones y Ratificamos algunos errores que suelen cometerse durante el proceso.

1-No hacer backup: Ese es sin dudas el error más común. Muchas veces el respaldo no se realiza por negligencia o por creer que la información no era importante, al menos hasta que se perdieron.

2-Dejar el backup en el mismo equipo en el que estaban los archivos originales: La idea del backup es crear una copia de seguridad. Esta copia debe ser mantenida en un lugar diferente al que contiene los archivos originales. En caso de que estén en el mismo equipo, se perderán tanto los archivos originales como los que fueron respaldados.

3-No validar la integridad del backup: Realizar **un backup** involucra una serie de procesos. No es suficiente con solo crear una copia, sino que es necesario verificar los archivos para asegurarse que los datos guardados estarán accesibles en caso de necesidad. Dependiendo de la forma en que **el backup** fue realizado, que generalmente es un archivo comprimido, el mismo puede corromperse, y en tal caso deberá realizarse un nuevo **backup**.

4-No ejecutar el backup periódicamente: Es importante que las copias de seguridad sean realizadas de forma recurrente, principalmente si la información respaldada recibiera constantes actualizaciones. Si, por ejemplo, **el backup** de un documento de texto en el que se está escribiendo un libro solo se realiza el primer día del mes y 15 días después el archivo se pierde, apenas se habrá conservado una copia de dos semanas de antigüedad y se habrá perdido todo el esfuerzo realizado en la siguiente quincena.

5-No controlar los archivos del backup: Después de haber realizado una copia de seguridad, mantenga un control de qué archivo pertenece a cada equipo. En caso de que sea necesaria la recuperación de datos es clave que los mismos no sean restaurados en un equipo equivocado.

Backup: uno de los principales aliados en la lucha contra el ransomware

El **93%** de las víctimas de ransomware cambio su opinión

sobre la importancia de realizar backup luego de ser afectado por esta amenaza Pese a que fue en 2017 que acaparó el interés de los medios de comunicación cuando ocurrió el brote de **WannaCry,** el ransomware sigue siendo una amenaza latente, sobre todo para el mundo empresarial.

Tal como lo vimos en el 2019, según la opinión de los especialistas de **ESET,** parece existir una tendencia de los cibercriminales de dirigir las campañas de ransomware a un pequeño número de víctimas pero que sean altamente rentables, en lugar de campañas de spam maliciosas en busca de un gran volumen de víctimas, cada una generando una pequeña retribución económica.

Teniendo en cuenta las consecuencias devastadoras que puede tener para una empresa o individuo ser víctima de un ransomware y perder información de valor, recordamos la importancia de Crear un **Backup** para hablar de realizar respaldos periódicos de nuestra información como estrategia preventiva ante un posible ataque de ransomware, así como de otros posibles incidentes de seguridad.

Si bien la recomendación que siempre hacen los investigadores de seguridad es nunca pagar por el rescate de la información secuestrada, ya que nada asegura que los cibercriminales realmente descifrarán los archivos.

En América Latina, los países en los que se registró la mayor cantidad de detecciones de ransomware con un **53%** durante el último año fueron Colombia, Perú y México, mientras que a nivel global Estados Unidos y Rusia lideran el ranking, con un **62%;** Sin embargo, no todas las familias de ransomware afectaron por igual a los diferentes países. Si bien las familias de ransomware qué más detecciones presentaron a lo largo del 2018 en América Latina fueron **TeslaCrypt, Crysis y CryptoWall,** en el caso de Colombia, por ejemplo, el **82%** de las detecciones corresponden puntualmente a **Crysis;** un ransomware que en 2017 estuvo en el top 5 de los que más daños causó a nivel regional y mundial y que a mediados de 2018 presentó gran actividad cuando sus operadores lanzaron una nueva campaña que además de Colombia tuvo entre los principales afectados a **Brasil, México, Argentina y Perú.** Asimismo, en el último año se detectaron nuevas familias de ransomware, como fue el caso de GandCrab, que registró un crecimiento rápido en Latinoamérica con **Perú** y **México** como los países en los que se registró la mayor cantidad de detecciones.

CAPÍTULO 5

SISTEMAS Y TRATAMIENTO DE LA INFORMACIÓN

Sistema:

Es un conjunto de elementos relacionados entre sí que contribuyen a un determinado fin. Donde cada elemento tiene su propia función y en conjunto generan una nueva función. Se caracteriza: Elementos que interactúan jerárquicamente, función de cada elemento, ramas, finalidad y fruto de la creación.

Sistema informático

Se compone por Recursos humanos, Recursos Físicos (hardware), Recursos lógicos (software) y Datos e información, que se relacionan entre sí y cada parte o componente constituye un sistema en sí mismo.

Sistema de información

Conjunto de componentes interrelacionados, integrados y coordinados (personas, equipos y procedimientos) que transforman datos en información. Permitiendo capturar, procesar, almacenar y distribuir la información necesaria para la toma de decisiones y control de esta.

DATO - INFORMACIÓN

En la actualidad, nos encontramos bombardeados por los términos datos e información, empleados de manera casi indistinta. Pero, en realidad:

1- ¿Qué es dato?

2- ¿Qué es Información?

Si bien ambos conceptos están, en cierta forma relacionados, debe distinguirse conceptualmente uno de otro e interpretarse:

1-Dato: es el componente mínimo de una información mayor. Necesario para llegar al conocimiento exacto de una cosa o hecho, que describe objetos, situaciones, se dice que un dato; es una representación simbólica, es decir numérica, alfabética, de un atributo o característica de una entidad. El dato no tiene valor semántico (sentido) en sí mismo, pero convenientemente tratado (procesado) se puede utilizar en la realización de cálculos o toma de decisiones. Es de empleo muy común en el ámbito informático.

En programación un dato es la expresión general que describe las características de las entidades sobre las cuales opera un algoritmo.

2-Información: es el conjunto de datos procesados en forma significativa, ordenados y con una secuencia lógica sobre algún suceso o hecho de importancia. Con valor real para la toma de decisiones, a medida que tenemos más información, más fácil nos resulta tomar decisiones correctas. Esa es la función de la información: disminuir la incertidumbre o aumentar el conocimiento, incrementando además la probabilidad de éxito.

En sentido general, la información es un conjunto organizado de datos, que constituyen un mensaje sobre un determinado ente o fenómeno. De esta manera, si por ejemplo organizamos datos sobre un país (número de habitantes, densidad de población, nombre del presidente, etc.) y escribimos, por ejemplo, el capítulo de un libro, podemos decir que ese capítulo constituye información sobre ese país. Cuando tenemos que resolver un determinado problema o tenemos que tomar una decisión, empleamos diversas fuentes de información (como podría ser el capítulo mencionado de este imaginario libro), y construimos lo que en general se denomina conocimiento o información organizada que permite la resolución de problemas o la toma de decisiones.

3-Conocimiento: es el entendimiento obtenido a partir de la razón en base a la información disponible; la materia que nos ocupa "Tecnología de la Información y la Comunicación" trata precisamente del cómo y con qué herramienta se procesan los datos, cómo se distribuye la información, qué formato se le da.

Se llama TIC (Tecnología de la Información y la

Comunicación) al conjunto de procesos y productos derivados de las nuevas herramientas (hardware y software), soportes de la información y canales de comunicación relacionados con el almacenamiento, el procesamiento y la transmisión digitalización de la información.

En la sociedad de la Información, las tecnologías de la Información y la Comunicación se constituyen en la base material sobre las que se organiza la inmensa mayoría de los procesos económicos, sociales y culturales, produciendo un fuerte impacto en todos los ámbitos de intervención humana. La revolución digital ha sido posible a partir de la convergencia de los siguientes tres pilares:

1-La digitalización que permite transformar cualquier tipo de información en bits.

2-La informática o ciencias de la información, que con la computadora permite manipular y procesar grandes cantidades de información.

3-Las telecomunicaciones que permiten en la actualidad transmitir la información con gran rapidez y en grandes cantidades desde un extremo al otro del planeta.

RECURSOS FÌSICOS DE LOS SISTEMAS INFORMÁTICOS

Un sistema informático se compone de recursos humanos, recursos físicos (hardware), recursos lógicos (software) y datos e información; como en todo sistema, en Informática los componentes están relacionados entre sí, y cada uno constituye un sistema en sí mismo.

Una de las partes de la computadora es la unidad central de procesamiento (más conocida en inglés como CPU), que está compuesta por diversos circuitos y registros aritméticos.

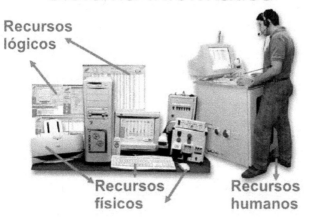

Cada uno de éstos está formado por otros componentes aun más finos. Así es que los recursos físicos constituyen un sistema que presenta una estructura jerárquica integrada por "partes de partes".

Un dato y también una información debe ser representado físicamente en una página impresa o como pulsos electrónicos, y esto es posible gracias a que ciertos componentes del sistema informático convierten los datos de entrada en información de salida.

Existe una lógica que respalda a cada componente del sistema, que se hace explícita a través de las instrucciones de los programas (en el esquema anterior lo denominamos "recursos lógicos"). Un sistema informático no opera en el vacío, sino que está inmerso en determinado contexto, y su uso varía según el objetivo final al que se aspire.

Los sistemas informáticos son diseñados para satisfacer las necesidades de la gente; los más exitosos son aquellos que centran el control en los recursos humanos. Las personas pueden llevar a cabo diferentes funciones: recopilar los datos que le suministran a la computadora, diseñar los programas, operar el equipo, utilizar el equipo como herramienta.

El ser humano ha logrado simbolizar los datos en forma representativa (lenguaje) para posibilitar el conocimiento de algo concreto y creó las formas de almacenar y utilizar el conocimiento representado.

Existe una relación indisoluble entre los datos, la información, el conocimiento, el pensamiento y el lenguaje, por lo que una mejor comprensión de los conceptos sobre información redundará en un aumento del conocimiento, ampliando así las posibilidades del pensamiento humano, que también emplea el lenguaje -oral, escrito, gesticular, etc.-, y un sistema de señales y símbolos interrelacionados.

Usuario:

Un usuario es la persona que utiliza o trabaja con algún objeto. En informática este término se utiliza con especial relevancia; los Tipos de usuarios informáticos son:

a-Usuario final:

El usuario final de un producto informático (bien sea hardware o software), es la persona a la que va destinada dicho producto una vez ha superado las fases de desarrollo correspondientes. Normalmente, el software se desarrolla pensando en la comodidad del usuario final, y por esto se presta especial interés y esfuerzo en conseguir una interfaz de usuario lo más clara y sencilla posible.

b- Usuario registrado:

Se denomina así a la persona que tiene derechos especiales en algún servicio de Internet por acreditarse en el mismo mediante un identificador y una clave de acceso, obtenidos previo registro en el servicio, de manera gratuita o de pago. Normalmente, un usuario registrado tiene asignada una cuenta propia que mantiene información personalizada del usuario en el servidor, (como puede ser dirección de e-mail y espacio correspondiente). También puede dar acceso a ciertos contenidos no accesibles al público en general, como por ejemplo un usuario registrado en un periódico on-line con acceso por suscripción.

c-Usuario anónimo:

Es usuario anónimo en informática aquel que navega en sitios web (o usa cualquier servicio de la red) sin autenticarse como usuario registrado. En algunos servicios en Internet se dispone de un modo de uso como usuario registrado y otro como usuario anónimo; normalmente, el usuario registrado goza de mayores privilegios.

El anonimato en Internet es uno de sus puntos fuertes, a la vez que motivo habitual de discusión. A los usuarios les gusta sentirse libres para expresarse, mientras que ciertos organismos quisieran un mayor control de todo el movimiento por la red para actuar con más eficacia contra la delincuencia on-line.

d- Usuario beta tester

En el proceso de desarrollo de software, existe un usuario intermedio entre el desarrollador y el usuario final que se encarga de comprobar y testear que el programa hace lo que tiene que hacer, reportando errores al programador/desarrollador, y es en gran medida responsable de que el programa llegue al usuario final sin errores.

INTERNET Y LA NUEVA FORMA DE HACER NEGOCIOS

El aumento del comercio electrónico, a pesar de sus ventajas, reviste algunas implicaciones; en principio muchas compañías temen que sus respectivos gobiernos impongan extensivas y represivas regulaciones; además de las implicaciones laborales y sociales que el comercio electrónico entraña.

1-Implicaciones laborales: El Comercio Electrónico conlleva una nueva línea de actuación en los procesos de negocios: genera jerarquías de organización más planas con mayor modularidad y necesita de una continua formación de sus empleados e interrelación entre las empresas. Por ello, la habilidad de las empresas para reorganizarse en el nuevo entorno electrónico dependerá crucialmente de la adaptación y la flexibilidad de sus trabajadores, aparte de los continuos esfuerzos de la empresa por innovar; una de las mayores implicaciones será sin duda que el trabajador pueda laborar desde su casa.

Una de las empresas más importantes en el mundo de las telecomunicaciones, **British Telecom** pudo lograr que un **10%** de su plantilla sea de teletrabajadores; con esta medida, la empresa pretende ahorrar en la instalación de oficinas y edificios, y según ellos, al mismo tiempo el trabajador ahorra en tiempo y dinero para desplazarse hasta el lugar de trabajo; como acertadamente lo predijeran desde **1993 Steve Pruitt y Tom Barret:** La ecuación tradicional:

> **Empleo + Materias Primas = Éxito Económico**

Está cambiando rápidamente conforme a las empresas norteamericanas que entran en contacto con los mercados mundiales altamente competitivos del siglo veintiuno. La ventaja estratégica se encuentra ahora en la adquisición y control de la información. Los gastos de capital se dirigen con mayor frecuencia hacia inversiones en tecnología de la información.

Mientras las empresas experimentan con esta nueva forma de comercio, se prevé, a corto plazo, la creación de un gran número de empleos en trabajo de red. De todas formas, las implicaciones que conlleve el comercio electrónico dependerán del país en cuestión, así como del tamaño y estructura del comercio electrónico.

Este nuevo orden está haciendo que las compañías se planteen cómo van a acceder al nuevo canal de ventas llamado Internet y, sobre todo, una pregunta básica: **¿Hay negocio en Internet?**:

La respuesta está en todas aquellas empresas que han levantado un emporio comercial mediante Internet, como podrían ser **Dell o Amazon**, ésta última a dos años de iniciarse en Internet tenía ventas por 110 millones de dólares anuales.

Es innegable que se está ante una nueva forma de vender, el Comercio Electrónico, que requiere profesionales preparados en las nuevas técnicas comerciales y de marketing; para afrontar el reto se deben tener conocimientos multidisciplinarios, pero sobre todo una sólida base tecnológica. De nada van a servir gestores puros con escasos conocimientos técnicos para un mundo donde una tecnología puede quedar obsoleta en meses y llevar al fracaso una estrategia comercial determinada. Asimismo, los especialistas en programación y tecnología deben estar en actualización continua para tener posibilidad de dar respuesta a preguntas como:

1- ¿Cuál es la mejor forma de atraer clientes a nuestra web?

2- ¿Cómo podemos crear vínculos permanentes con nuestros clientes?

De aquí que los especialistas en Comercio Electrónico deban

poseer conocimientos en diversas disciplinas: marketing y ventas, legislación internacional, medios de pago, seguridad informática, sistemas de información, diseño de contenidos en Internet, telecomunicaciones, atención a clientes y especialización sectorial. Para que los futuros especialistas en comercio electrónico sean profesionales de alta calificación y ofrezcan un alto valor agregado a sus compañías, es necesario que, desde ya, los jóvenes estudiantes tengan acceso a la enseñanza y se familiaricen con la tecnología de Internet.

2-Implicaciones sociales: Aunque en sus orígenes se trató de un fenómeno económico; actualmente, el comercio electrónico es parte de un amplio proceso caracterizado por la globalización de mercados; el desplazamiento hacia una economía basada en el conocimiento y la información, así como en el frecuente crecimiento de todo tipo de tecnologías. Uno de los cambios más importantes es el cambio de actitud mental; esto es, actuar con mentalidad mucha más abierta. Ya no es posible sostener la actitud de ver y esperar; sino actuar rápido, adquirir una gran flexibilidad y arriesgarse; motivo por el cual, realizar alianzas estratégicas, en un marco de cooperación que permita ganar tiempo y dinero, se contempla como factor determinante de los cambios.

Se afirma que el comercio electrónico tiene el poder de cambiar radicalmente las actividades económicas y el entorno social; de hecho, afecta a grandes sectores como las comunicaciones, finanzas o el comercio; y promete, en otros sectores como educación, salud o gobierno. El comercio electrónico altera incluso la relativa importancia del tiempo, acelerando los ciclos de producción y permitiendo a las empresas operar coordinadamente y a los consumidores realizar transacciones olvidándose del tiempo. Así como cambia la importancia del tiempo, cambiaran las estructuras de los negocios y las actividades sociales.

Los cambios presentados por el comercio electrónico también afectan los procedimientos y técnicas usados por los profesionistas en sus respectivos campos; por ejemplo, existen simuladores mediante los cuales los ingenieros de cualquier rama pueden simular condiciones naturales y su respuesta ante determinados estímulos, lo que ayuda a la construcción de caminos, puentes, alumbrado público.

De igual manera en el área de la contabilidad, los contadores se han visto beneficiados por paquetes de información que facilitan su tarea, por ejemplo, cuando es necesario presentar estadísticas o documentos contables determinados, Excel es una herramienta indispensable, aunque existe una diversidad de paquetes que ofrecen formularios completos que facilitan y acortan los procesos de realización.

Impacto de la tecnología en las operaciones de servicios

Medicina: Unidad de cuidado intensivo, escáner, MRI, historias clínicas, pruebas automatizadas de diagnóstico, marcapasos

Telecomunicaciones: Teléfonos celulares, TV, videoconferencias, comunicaciones por satélite, correo electrónico, Internet

Ventas al menudeo: Escáner de punto de venta, lectores de códigos de barra, computadora para control de inventario

Educación: Bibliotecas computarizadas, Internet, aprendizaje interactivo.

Servicios legales: Búsquedas computarizadas, bases de datos para pruebas, procesamiento de textos.

Hoteles: Registro de salida por TV, seguridad en las tarjetas-llaves, sistema de reservaciones, controles de calefacción y refrigeración, computadoras para los huéspedes

Líneas de aviación: Sistema de control de tráfico aéreo, cabinas electrónicas, sistemas de reservaciones

PLANEACION DE NEGOCIOS EN LINEA

El plan de negocio tiene en sí mismo una doble finalidad. En primer lugar, es un instrumento de análisis para los propios promotores del proyecto. En segundo lugar, es una excelente carta de presentación que permite establecer contactos con terceros, tanto para la búsqueda de nuevos socios, de soporte financiero como para establecer contactos con potenciales proveedores y clientes, etc.

El Plan de Negocios

Teniendo en cuenta que las personas a las que se destina un plan pueden disponer de poco tiempo para analizarlo, es aconsejable que la presentación esté muy bien estructurada y se describa de una manera clara y concisa.

A continuación, facilitamos un Guión que puede ser utilizado como modelo para elaborar el plan de negocio en Internet. En él se ha procurado recoger los factores más relevantes para el análisis de un proyecto en Internet.

Estructura:

1-Resumen ejecutivo:

a-Idea de Negocio

b-Equipo directivo y promotores del negocio

c-Estado de desarrollo del negocio

d-Plan de implantación

e-Productos/ servicios: diferenciación respecto a la competencia

f-Público objetivo

g-Tamaño mercado potencial

h-Escenario competitivo

i-Inversión requerida

j-Valoración global del proyecto: aspectos más innovadores y objetivos.

El resumen ejecutivo debe servir para captar el interés de los potenciales inversores. Por este motivo, debería contener los aspectos más relevantes del plan de negocio resumidos de la forma más breve y concisa posible (2-3 hojas). En todo momento, se debe conseguir motivar al destinatario a continuar leyendo el plan con un alto grado de entusiasmo y curiosidad.

2-Definición de negocio:

a-Características del negocio

b- Producto/servicio ofrecidos

c-Valor añadido del producto/servicio

d- Ventajas competitivas

e-Grado de Know how rentabilizable que genera para nuevos proyectos en Internet.

Realizar una descripción de las características del negocio, es decir, si se trata de un negocio B2B, B2C, B2G, E-Commerce, Portal Vertical.

Describir de forma clara el tipo de servicios que se desea ofrecer o el tipo de productos que se desea comercializar a través de Internet, así como el valor que aporta al público objetivo. Describir, también, las ventajas competitivas que presenta en relación con otros productos o servicios ya existentes en el mercado tradicional o virtual. También es importante indicar si el emprender este negocio puede generar **Know how** rentabilizable para nuevos negocios en Internet.

3-Publico objetivo y mercado potencial:

a- Publico objetivo

b- Necesidades que satisface y grado de motivación de tus clientes

c-Segmentación de clientes

d- Tamaño de mercado y mercado potencial

e-Características del sector/subsector

Indicar el público al cual vas a ofrecer o vender tus productos/servicios. Cuáles son las necesidades que satisface y el grado de motivación de tus clientes por utilizar el servicio. Uno de los grandes atractivos que ofrece Internet es la posibilidad de segmentar clientes en base a múltiples criterios.

Señalar para cada uno de los segmentos de clientes: proyección de ventas, decisiones de compra o uso del servicio, ventas, factores de éxito. Hay que indicar también que segmentos son más atractivos y por qué. Indicar el tamaño del mercado geográfico al que se ofrecerán los productos/ servicios, teniendo en cuenta los factores que pueden limitar dicho mercado. Por ejemplo, idioma, cultura, costumbres, También debes indicar qué expectativas de crecimiento tiene, y los factores clave de éxito.

Por último, indicar cuáles son las características principales del sector, subsector en el que vas a operar.

4-Plan de Marketing:

a- Análisis competitivo

b- Objetivos comerciales

c-Principales magnitudes no financieras

d- Estrategias de promoción y publicidad online/offline

Analizar en profundidad la competencia existente tanto a nivel nacional como en el extranjero realizando una comparativa según distintos parámetros: productos y servicios, ventas, política de precios, cuota de mercado, crecimiento, páginas vistas, usuarios; imagen de marca y posicionamiento; estrategias de marketing; ventajas competitivas; análisis **F.O.D.A.**

Analizar en qué medida puede afectar a la empresa la entrada de nuevos competidores en Internet y qué estrategias se han previsto utilizar si esto ocurre. Cuando se analice la competencia, es importante tener en cuenta tanto la competencia de empresas tradicionales como en Internet; si existe un proyecto similar a nivel nacional o extranjero;

si en el futuro Internet será la única vía de hacer negocios en tu sector.

Indicar cuáles son los objetivos comerciales a corto, medio y largo plazo. Realizar previsiones cuantitativas a 24 meses en cuanto al objetivo de páginas vistas, usuarios, visitantes únicos, competidores, etc. Indicar las magnitudes no financieras más relevantes según el negocio. Por último, de acuerdo con los objetivos comerciales prefijados describir qué estrategias de promoción se utilizarán para influir sobre la demanda y alcanzar las previsiones de ventas. Realizar una valoración del coste en marketing para los 24 meses próximos.

5-Estrategias:

a-Estrategia de marketing

b- Estrategia de posicionamiento

c-Estrategia de expansión internacional

Establecer la estrategia de marketing. ¿Va a ser necesario un importante esfuerzo comercial para dar a conocer tu empresa? ¿Cómo se va a posicionar tu empresa respecto a los competidores actuales? ¿Qué estrategia de precios se va a utilizar? ¿Se va a ofrecer valor añadido de forma gratuita?

Si se tiene prevista una expansión a nivel internacional, qué estrategia se va a utilizar. También es importante indicar qué tipo de alianzas estratégicas se van a realizar y con qué finalidad.

6-Requerimientos tecnológicos:

a-Tecnología requerida

b- Hardware requerido

c-Software requerido

d-Otra tecnología clave para el negocio

e-Valoración del coste en tecnología

En primer lugar, indicar la tecnología que va a requerirse para desarrollar el negocio. ¿Va a ser una de tus principales ventajas competitivas? Indicar tanto el hardware (servidores, computadores, impresoras…) como el software y las licencias necesarias. Establecer la estrategia técnica prevista para el medio plazo. ¿Has previsto e dimensionamiento óptimo de la tecnología en base al crecimiento esperado de páginas vistas/usuarios? Realizar una valoración del coste total en recursos tecnológicos.

7-Equipo directivo y organización interna:

a-Perfil del equipo directivo

b- Organigrama empresarial

c-Objetivos de tu empresa

d- Control de gestión

Uno de los aspectos en los que un posible **inversionista, partner, cliente** se fija es la composición del equipo directivo, sus habilidades y el grado de complementación de sus miembros. Es importante preestablecer las funciones y participaciones que van a tener cada uno de sus miembros. Realizar un organigrama de la empresa, así como definir qué perfiles de trabajadores van a integrar la empresa y sus responsabilidades. Establecer una previsión de la evolución de la plantilla para los **24 próximos meses**, es importante tener en cuenta las siguientes preguntas:

1- ¿Vas a utilizar plantilla virtual?

2- ¿Qué infraestructura necesita tú equipo humano y tú sistema técnico?

Definir los objetivos de la empresa a corto, medio y largo plazo, y describir el sistema de planificación y los criterios de evaluación de resultados a obtener.

Finalmente, describir qué sistemas de información, tanto internos como externos, se utilizarán para tomar decisiones.

8-Modelo de negocio y plan económico financiero:

a-Inversión inicial

b- Plan de financiación

c-Fuentes de ingresos

d- Previsión volumen de ingresos

e-Previsión Volumen de gastos

f- Previsión de la cuenta de **PyG**

g-Previsión de tesorería

h-Balances previsionales

i-Punto de equilibrio

j-Valoración de la empresa

a-Indicar cuál es la inversión inicial requerida y cómo tienes previsto financiarla. ¿Cuándo estimas necesarias una segunda ronda de financiación?

b-En dicho caso, ¿qué tipo de socio, si tecnológico, financiero; vas a priorizar?

c-Se debe Tener identificadas las posibles fuentes de ingresos del negocio.

d-Indicar el volumen y el tiempo de ingresos y gastos.

¿Has hecho un análisis del **cash-flow** necesario?

e-Indicar qué costes son fijos y cuáles son variables.

¿Cuándo estimas que conseguirás alcanzar el punto de equilibrio?

f-Las previsiones deberían realizarse al menos para los 24 próximos meses.

g-En el caso de la previsión de la cuenta de pérdidas y ganancias y de la tesorería debería ser mensual.

9-Análisis F.O.D.A

a-Análisis del mercado: oportunidades y amenazas

b- Análisis interno: fortalezas y debilidades

La situación actual del mercado puede influir favorable o desfavorablemente en el éxito de tu proyecto. Del mismo modo, la situación actual de tu empresa y del equipo humano puede influir en su evolución futura. Este modelo de análisis **FODA** permite detectar tanto las oportunidades y amenazas que ofrece el mercado actual para tu negocio, como las fortalezas y debilidades de tu empresa y personas que la forman.

DESCRIPCION GENERAL DE LOS ERP.

Los sistemas de planificación de recursos empresariales, o **ERP** (por sus siglas en inglés, **Enterprise Resource Planning**) son sistemas de información gerenciales que integran y manejan muchos de los negocios asociados con las operaciones de producción y de los aspectos de distribución de una compañía en la producción de bienes o servicios.

La planificación de recursos empresariales es un término derivado de la planificación de recursos de manufactura (**MRPII**) y seguido de la planificación de requerimientos de material (MRP); sin embargo, los **ERP** han evolucionado hacia modelos de suscripción por el uso del servicio (**SaaS, cloud computing**); los sistemas **ERP** típicamente manejan la producción, logística, distribución, inventario, envíos, facturas y contabilidad de la compañía de forma modular. Sin embargo, la planificación de recursos empresariales o el software **ERP** puede intervenir en el control de muchas actividades de negocios como ventas, entregas, pagos, producción, administración de inventarios, calidad de administración y la administración de recursos humanos.

Los sistemas **ERP** son llamados ocasionalmente back office (trastienda) ya que indican que el cliente y el público general no están directamente involucrados. Este sistema es, en contraste con el sistema de apertura de datos (**front office**), que crea una relación administrativa del consumidor o servicio al consumidor (**CRM**), un sistema que trata directamente con los clientes, o con los sistemas de negocios electrónicos tales como comercio electrónico, administración electrónica, telecomunicaciones electrónicas y finanzas electrónicas; asimismo, es un sistema que trata directamente con los proveedores, no estableciendo únicamente una relación administrativa con ellos (**SRM**).

Los **ERP** funcionaban ampliamente en las empresas. Entre sus módulos más comunes se encuentran el de manufactura o producción, almacenamiento, logística e información tecnológica, incluyen además la contabilidad, y suelen incluir un sistema de administración de recursos humanos, y herramientas de mercadotecnia y administración estratégica.

Los **ERPs** de última generación tienden a implementar en sus circuitos una abstracción de la administración denominada **MECAF** (**Método de Expresión de Circuitos Administrativos Formalizado**), lo cual los provee de una gran flexibilidad para describir diferentes circuitos usados en distintas empresas. Esto simplifica la regionalización y la adaptación de los ERPs a diferentes mercados verticales

LEGISLACIÓN Y PROTECCIÓN DE LA WEB.

-La legislación informática, como una nueva rama del conocimiento jurídico, es una disciplina en continuo desarrollo, se puede decir que las alusiones más específicas sobre esta interrelación se tienen a partir del año de 1949 con la obra de **Norbert Wiener**, en donde expresa la influencia que ejerce la cibernética respecto a uno de los fenómenos sociales más significativos: el jurídico.

-Estos precursores nunca imaginaron los alcances que llegarían a tener las computadoras y todavía más difícil hubiera sido concebir que el Derecho llegaría a regular a la informática, pero dentro del reducido grupo de tratadistas sobre el Derecho de la informática, consideran al mismo como una categoría propia que obedece a sus reglas, que surge como una inevitable respuesta social al fenómeno informático y por lo mismo es un derecho en el que su existencia precede a su esencia.

Piratería y falsificación de software.

Se conoce como violaciones a Derechos de Autor, en su uso, comercialización o explotación, entre otros; sin consentimiento del titular.

-MARCO JURÍDICO QUE REGULAN Y SANCIONAN "LA PIRATERÍA" (VIOLACIÓN DE DERECHOS DE AUTOR) DE SOFTWARE:

Ley Federal del Derecho de Autor

Artículo 231-Constituyen infracciones en materia de comercio las siguientes conductas:

I. Comunicar o utilizar públicamente una obra protegida

II. Utilizar la imagen de una persona

III. Producir, reproducir, almacenar, distribuir, transportar o comercializar copias

Artículo 232- Las infracciones en materia de comercio previstos en la presente Ley serán sancionados por el Instituto Mexicano y la Propiedad Industrial con multa.

Código Penal Federal

Artículo 424 bis- Se impondrá prisión de tres a diez años y de dos mil a veinte mil días multa:

I. A quien produzca, reproduzca, introduzca al país, almacene, transporte, distribuya, venda copias de obras protegidos.

II. A quien fabrique con fin de lucro un dispositivo o sistema cuya finalidad sea desactivar los dispositivos electrónicos.

Código Federal de Procedimientos Penales

Artículo 194- Se califican como delitos graves, para todos los efectos legales, por afectar de manera importante valores fundamentales de la sociedad, los previstos en los ordenamientos legales siguientes:

Homicidio.

• Traición a la patria

• Espionaje

• Terrorismo.

• Sabotaje

• Piratería

• Genocidio

• Evasión de presos

• Ataques a las vías de comunicación

INSTITUCIONES REGULADORAS CONTRA LA PIRATERÍA

1) Instituto Mexicano de la Propiedad Industrial (IMPI)

Organismo del Estado que regula y protege la propiedad industrial, en su carácter de autoridad administrativa en materia de propiedad industrial.

2) Business Software Alliance (BSA)

Organización que se destaca por promover un mundo en línea seguro y legal, Representan la voz de los sectores de software, hardware e Internet del mundo ante los gobiernos y los consumidores en el mercado internacional.

3) Instituto Nacional del Derecho de Autor (INDAUTOR)

Garantizar la seguridad jurídica de los autores, de los titulares de los derechos conexos, así como dar una adecuada publicidad a las obras, actos y documentos a través de su inscripción.

Acceso no autorizado a sistemas informáticos

Consiste en acceder de manera indebida, sin autorización o contra derecho a un sistema infringiendo medidas de seguridad destinadas a proteger los datos.

Código Penal Federal:

Artículo 211 bis 1- Al que sin autorización modifique, destruya o provoque pérdida de información contenida en sistemas o equipos de informática protegidos por algún mecanismo de seguridad.

CAPÍTULO 6

TÉCNICAS COMUNES DE ACCESOS NO AUTORIZADOS A SISTEMAS INFORMÁTICOS:

Cracs: Modifican el comportamiento o amplían la funcionalidad del software o hardware original.

Gurús: Son considerados los maestros y los encargados de "formar" a los futuros hackers.

Hackers: Persona que le apasiona el conocimiento, descubrir o aprender, entendiendo el funcionamiento.

Puede realizar las siguientes acciones: Sabotaje Informático, Fraude Informático, Espionaje Informático o Fuga de Datos.

Instaladores de Bots: Manejo de robots por software, Infectan miles de equipos para que operen bajos sus comandos.

Phisher: Es un estafador. Su técnica es el **phishing** (suplantación de identidad), Intenta obtener información confidencial de forma fraudulenta.

Pharmer: Permite a un atacante redireccionar un nombre de dominio a otra máquina distinta.

Spammer: Envían **SPAM** (correo basura) y Mensajes no solicitados, habitualmente tipo publicitario.

Ciber-bullying (ladrones online)

Páginas web de confianza que ocultan código malicioso instalado en ellas por los cibercriminales.

Typo-squatting: Atraen con engaños a navegantes desprevenidos hacia páginas web maliciosas

Programas de Acceso Remoto

Permiten el acceso de un tercero, a su computadora para un posterior ataque o alteración de los datos

-TrapDoor (puertas traseras)

Ayuda a usuarios a tener acceso a sistemas funcionando y que éstos le han sido autorizados.

-Rootkit: Herramienta que se oculta a si misma y/o a otros códigos maliciosos.

-Virus Informático: Los que más atentan directamente al "Acceso No autorizado a los Sistemas Informáticos".

-Troyanos: Objetivo: introducción e instalación de otros programas en la computadora, para permitir su control remoto desde otros equipos.

Leyes rigen en México para los programas de cómputo, las bases de datos y su documentación:

*Ley Federal de Derechos de Autor (LFDA) y su reglamento

Protege los programas de cómputo, su documentación y las bases de datos en forma similar a los libros, las canciones y sus letras, las grabaciones musicales, las pinturas, y demás obras. Tiene además su

Reglamento (**RLFDA**).

*Ley de Propiedad Industrial (LPI) y su reglamento

Protege elementos que pueden acompañar a un programa de cómputo, como son: marcas, dibujos o íconos distintivos.

*Código Penal Federal y Código Federal de Procedimientos Penales

Sancionan la producción masiva de COPIAS no autorizadas de programas de cómputo o su venta.

SOFTWARE DE DOMINIO PÚBLICO

El software de dominio público no está protegido por las leyes de derechos de autor y puede ser copiado por cualquiera sin costo alguno.

Algunas veces los programadores crean un programa y lo donan para su utilización por parte del público en general. Lo anterior no quiere decir que en algún momento un usuario lo pueda copiar, modificar y distribuir como si fuera software propietario. Así mismo, existe software gratis protegido por leyes de derechos de autor que permite al usuario publicar versiones modificadas como si fueran propiedad de este último.

A-Software propietario: Software cerrado, donde el dueño controla su desarrollo y no divulga sus especificaciones. Es el producido principalmente por las grandes empresas, tales como Microsoft, Adobe, Corel y muchas otras. Antes de utilizarlo se debe pagar por su licencia. Normalmente se tiene derecho a utilizarlo en una solo computadora, un solo usuario y a realizar una copia de respaldo. Es este caso la redistribución o copia para otros propósitos no está permitida.

B-Software Semilibre

El software semilibre es software que no es libre, pero viene con autorización para particulares de usar, copiar, distribuir y modificar (incluyendo la distribución de versiones modificadas) sin fines de lucro. El software semilibre es mucho mejor que el software propietario, pero aún plantea problemas y no podemos usarlo en un sistema operativo libre. Es imposible incluir software semilibre en un sistema operativo libre. Esto obedece a que los términos de distribución para el sistema operativo libre como un todo es la conjunción de los términos de distribución de todos los programas en él.

C-Software Shareware

El Shareware son programas realizados generalmente por programadores independientes, aficionados o empresas pequeñas que quieren dar a conocer su trabajo permitiendo que su programa sea utilizado gratuitamente por todo aquel que desee probarlo. Puede por tanto instalar y usar dicho programa e incluso distribuirlo libremente (sin modificarlo) sin pago alguno.

D-Software Libre

El software libre es una cuestión de la libertad de los usuarios de ejecutar, copiar, distribuir, estudiar, cambiar y mejorar el software.
Copyleft

Método para hacer que un programa de software libre se mantenga siempre libre, obligando a que todas las modificaciones y versiones extendidas del programa sean también liberadas, garantizando así las libertades de los usuarios.

Copyright

a-Las leyes le dan al poseedor:

b- Reproducción de la obra

c-Distribución de copias de la obra

d-Presentar la obra públicamente.

LA TECNOLOGÍA AMENAZA EL FUTURO Y EL BIENESTAR

La tecnología ha vivido hasta ahora su mayor desarrollo. Todos hemos sido testigos de cómo los avances tecnológicos nos han otorgado mejoras que hasta hace no mucho parecían impensables. Pero recientemente se está desarrollando un debate paralelo del que aún queda mucho por escrutar.

El Centro de Investigación **Pew Research Center** junto a Elon University han llevado a cabo una investigación sobre las ventajas e inconvenientes del futuro tecnológico: **El futuro del bienestar en un mundo saturado de tecnología**. Para ello, preguntaron a expertos en tecnología, académicos y especialistas en salud, una complicada cuestión: «Durante la próxima década, ¿cómo afectarán física y mentalmente los cambios de la vida digital en el bienestar general de las personas?

Aunque la mayoría de los encuestados considera que la vida digital continuará superando límites y ofreciendo oportunidades, un tercio de los expertos piensa que la futura vida digital será perjudicial para la salud, la aptitud mental y la felicidad de las personas. Por suerte, apuntan, hay soluciones; y es que la percepción generalizada es buena. Pero no hay que olvidar otras cuestiones que han empañado el fantástico panorama tecnológico, como el escándalo de Facebook y Cambridge Analytica o las **Facenews,** así como las investigaciones científicas en torno a los impactos personales y sociales de la tecnología (aumento de estrés, exposición de los menores ante los nuevos medios, mayores índices de suicidio.)

Unos 1.150 expertos respondieron en este escrutinio no

científico, explica **Pew Research Center.** De ellos, el **47%** asegura que el futuro tecnológico traerá más cosas buenas que malas mientras que el **32%** opina todo lo contrario: considera que el bienestar de los individuos se verá más perjudicado que beneficiado. El **21%** restante predice que no habrá muchos cambios.

«Muchos de los que argumentan que el bienestar humano se verá perjudicado, también reconocen que las herramientas digitales continuarán mejorando varios aspectos de la vida», explican. «También saben que no hay vuelta atrás» y por ello ofrecen una serie de ideas para que se mitiguen los problemas y se enfaticen los beneficios. «Además, muchos de los encuestados optimistas también están de acuerdo en que surgirán nuevos daños en el futuro, especialmente para aquellos que son vulnerables», añade el estudio.

Amy Webb, profesora de la Universidad de Nueva York, aseguró: «Si nuestros hábitos actuales se mantienen sin cambios, obtendremos escenarios pesimistas y catastróficos», es decir, seguiremos rodeados de información falsa o «los reguladores, con la esperanza de salvaguardar nuestro bienestar, introducirán leyes y estándares que difieren de un país a otro, creando de manera efectiva un internet fragmentado».

La experta recuerda que «nuestro bienestar está directamente relacionado con nuestra sensación de seguridad y protección». Por suerte, hay escenarios catastróficos que, por suerte, no son aún una realidad. «Podemos decidir que queremos un resultado diferente, pero eso requiere hacer cambios serios», avanza la experta, tales como mejorar la calidad de nuestras experiencias digitales, educación digital temprana, vigilar a los distribuidores de contenido, etc.

«Podemos decidir que queremos un resultado diferente, pero eso requiere hacer cambios serios»

Para **Ethan Zuckerman,** director del Centro de Medios Cívicos del MIT, las consecuencias negativas que ya hemos experimentado de la tecnología han hecho que nos hallamos vuelto «más conscientes de los peligros y deficiencias de una vida conectada digitalmente. Estamos en un momento de despertar a las desventajas y descubrir cómo abordarlas».

Según Aram Sinnreich, profesor asociado de la **American University's School of Communication,** «lo más importante que podemos hacer para mitigar los efectos sociales negativos de internet es recurrir a la investigación social científica y de la comunicación. comprender las funciones multifacéticas que desempeña en las vidas públicas y privadas, y utilizar las medidas reguladoras estatales y de mercado para abordar estas diferentes dimensiones por separado, mientras se mantiene una comprensión holística de su potencial de transformación en general. En la práctica, esto significa:

1-Hacer que los algoritmos, y las empresas responsables de ellos, rindan cuentas de su papel en el cambio y la configuración de la dinámica del poder social y político.

2-Desarrollar una 'declaración digital de derechos' que privilegie la dignidad humana sobre el afán de lucro.

3-Involucrar a múltiples partes interesadas a escala global en la gobernanza de internet.

4-Integrar la alfabetización mediática digital más profundamente en nuestros sistemas educativos.

5-Regular las comunicaciones por internet de una manera que privilegie la diversidad de la participación en todos los niveles y exija responsabilidad y transparencia a los consumidores y los ciudadanos».

INTELIGENCIA ARTIFICIAL

¿Qué es la inteligencia artificial y para qué sirve?

La inteligencia artificial es la serie de tecnologías que sirven para emular características o capacidades exclusivas del intelecto humano.

IA se aplica cuando una máquina imita las funciones cognitivas que los humanos asocian con otras mentes humanas.

La Inteligencia Artificial **(IA)** se aplica cuando una máquina imita las funciones cognitivas que los humanos asocian con otras mentes humanas.

Las últimas creaciones tecnológicas nos llevan a reflexionar hacia dónde va el mundo. De hecho, de un tiempo a la actualidad, la disciplina **técnico-científica** viene planteando una gran revolución mundial: la inteligencia artificial (**IA**).

Si bien no hay una definición exacta sobre lo que significa, la inteligencia artificial es el nombre que se le asigna a una serie de tecnologías con características o capacidades que antes eran exclusivas del intelecto humano. El término se aplica cuando una máquina imita las funciones cognitivas que los humanos asocian con otras mentes humanas, como aprender o resolver problemas.

Historia y origen

En **1956,** los científicos Allen Newell, Herbert Simón, Marvin Minsky, Arthur Samuel y John McCarthy se reunieron en la conferencia de Dartmouth en un encuentro que marcó la creación de la disciplina de la inteligencia artificial. Ellos coincidieron en que dotar a las máquinas de la capacidad de pensar sería fácil.

Ahora, si nos remontamos a los griegos, las ideas básicas sobre la inteligencia artificial nos llevan hasta Aristóteles, quien fue el primero en describir un conjunto de reglas que detallan una parte del funcionamiento de la mente para obtener conclusiones racionales. Tiempo después, Ctesibio de Alejandría llegó a construir la primera máquina autocontrolada de manera racional, pero sin razonamiento.

En los últimos años de 1950 y los primeros de 1960 la inteligencia artificial vivió una de las mejores eras, pues las máquinas lograban jugar a las damas mejor que muchos seres humanos, 'aprendían' inglés y resolvían problemas algebraicos y lógicos.

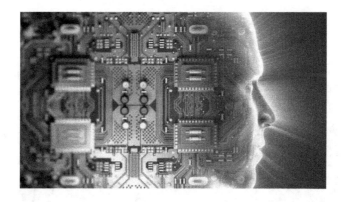

Posteriormente, entre los años 1968-1970, el profesor de Ciencias de la Computación en la Universidad de Stanford Terry Winograd, desarrolló el sistema **SHRDLU,** que permitía interrogar y dar órdenes a un robot que se movía dentro de un mundo de bloques.

Ya en el nuevo siglo y luego de importantes avances tecnológicos, la multinacional IBM desarrolló una supercomputadora llamada Watson, que ganó en tres oportunidades el juego de Jeorpardy (concurso televisivo de conocimiento) a dos de sus máximos campeones.

En la actualidad, la inteligencia artificial no solo ha revolucionado el mundo empresarial, sino también el ámbito social, con aplicaciones que van desde la rápida detección del cáncer hasta la lucha contra la deforestación del Amazonas.

Categorías de la Inteligencia Artificial

Stuart Russell y Peter Norvig, en su libro Inteligencia Artificial: **Un Enfoque Moderno',** diferencian cuatro tipos de inteligencia artificial.

1-Sistemas que piensan como humanos: son los sistemas que tratan de emular el pensamiento humano como la toma de decisión, resolución de problemas y aprendizaje.

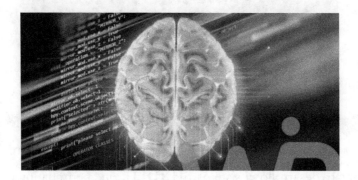

2-Sistemas que actúan como humanos: estos tratan de actuar como humanos. Es decir, imitan el comportamiento humano. Un ejemplo de este sistema es la robótica.

3-Sistemas que piensan racionalmente: tratan de imitar el pensamiento lógico racional del ser humano; por ejemplo, el estudio de los cálculos que hacen posible percibir, razonar y actuar.

4-Sistemas que actúan racionalmente: este sistema trata de emular de forma racional el comportamiento humano. Está relacionado con conductas inteligentes en artefactos.

¿Qué es la inteligencia artificial convencional y computacional?

La inteligencia artificial convencional, conocida como **IA simbólico-deductiva,** está basada en el análisis formal y estadístico del comportamiento humano ante diferentes problemas. Ayuda a tomar decisiones mientras se resuelven ciertos problemas concretos y requieren de un buen funcionamiento, facilita la toma de decisiones complejas y proponiendo una solución a un determinado problema. Esta inteligencia contiene, además, autonomía y puede autorregularse y controlarse para mejorar; en tanto, la inteligencia artificial computacional, conocida como **IA subsimbólica-inductiva,** implica desarrollo o aprendizaje interactivo. Este aprendizaje se realiza basándose en datos empíricos.

Funcionamiento de la inteligencia artificial:

La inteligencia artificial se desarrolla a partir de algoritmos. Son capacidades matemáticas de aprendizaje, y de los datos que hacen falta para entrenar dichos algoritmos, estos son datos observables, disponibles públicamente o datos generados en algunas empresas, los mismos que repiten el proceso para aprender a partir de ellos.

Campo y Aplicaciones en el Mundo Real:

La inteligencia artificial ha sido usada en un amplio número de campos como la robótica, la comprensión y traducción de lenguajes, aprendizaje de palabras; los principales campos y más destacados donde podemos encontrar una notoria evolución de la inteligencia artificial son:

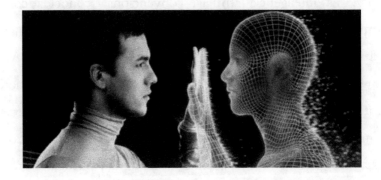

a- Ciencias de la computación

b- Finanzas

c- Hospitales y medicina

d- Industria pesada

e- Servicio de atención al cliente

f- Transportación

g- Juegos

Riesgos que conlleva la inteligencia artificial:

Si bien en algunos aspectos de la vida la presencia de inteligencia artificial tiene muchos beneficios, algunos expertos consideran que puede generar nuevos riesgos.

El mercado de las finanzas es el más vulnerable, pues la capacidad de procesar enormes cantidades de datos por parte de las computadoras puede otorgar poder a quienes los controlan y ello les pueda permitir dominar las finanzas a nivel internacional.

La falta de regulación a nivel mundial es otro de los problemas.

Pero quizá el riesgo que más preocupa y puede generar muchos problemas es la pérdida de trabajos. Un estudio publicado en **2015** en China informaba que casi el **50%** de las ocupaciones existentes en la actualidad serán completamente redundantes en el año **2025** si la inteligencia artificial continúa transformando las empresas del modo que ya lo está haciendo; ante ello, los expertos han empezado a visualizar en cada uno de los usos de la inteligencia artificial cuáles son los límites o de qué manera deben abordarse para garantizar que se mantiene la protección del ser humano.

ATAQUE CIBERNÉTICO: CONSECUENCIAS, CÓMO ACTUAR Y CÓMO PROTEGERSE

Un ataque cibernético, o ciberataque, consiste en una seria de acciones cuyos objetivos son destruir o comprometer los sistemas informáticos de una organización. También puede tener como objetivo el acceso ilegal o robo masivo de datos personales, en este caso se denomina ciber vigilancia.

Estas acciones delictivas se han vuelto cada día más frecuentes debido a la mayor presencia que tienen las empresas los gobiernos y los ciudadanos en Internet y con el mayor uso de sistemas y dispositivos conectados a la Red.

Estos ataques están aumentando su incidencia de forma preocupante tanto a nivel mundial, como en España. El Instituto Nacional de Ciberseguridad **(INCIBE),** dependiente del Ministerio de Energía, Turismo y Agenda Digital, ha resuelto un total de 123.064 incidentes de seguridad en 2017, un **6,77%** más que 2016.

¿Quién está detrás de un ataque cibernético?

Un ataque cibernético puede ser llevado a cabo tanto por distintos actores, que se mueven por las motivaciones más diversas:

1-Personas: los denominados hackers que actúan de forma independiente, generalmente motivados por un beneficio económico.

2-Grupos organizados: con distintas finalidades, tanto criminales **(terroristas),** como ideológicas **(activistas).**

3-Gobiernos: en ataques que se enmarcan en una estrategia de ciberguerra, dirigidos tanto a sistemas informáticos de otros gobiernos o a importantes activos **4-públicos o privados:** Empresas privadas, en acciones de ciber espionaje.

¿Puedo sufrir un ataque cibernético?

Cada día los ataques cibernéticos tienen más repercusión mediática. Todo el mundo siguió con aprensión en 2017 el caso del **ransomware WannaCry**, el último gran ataque masivo, que en España afectó a organizaciones como Telefónica, además de grandes empresas eléctrica y empresas tecnológicas y de servicios.

Sin embargo, el hecho de que en las noticias sobre los ataques más relevantes afecten a los gobiernos y las grandes empresas, nos puede llevar a pensar que nuestras pequeñas empresas estén a salvo. Nada más lejos de la realidad.

Según un informe del Instituto Ponemos, el riesgo de sufrir un ciberataque está aumentando para las empresas de todos los tamaños e industrias en comparación con el año pasado. En **2017**, más del **61%** de las **PYME** ha experimentado un ataque, frente al **55%** en 2016. Los ataques más frecuentes contra las pequeñas empresas fueron de tipo **spear phishing** (**ingeniería social**) y basados en web.

Principales Riesgos Cibernéticos:

La dependencia creciente de las empresas y de las personas de Internet y de las nuevas tecnologías de la información y de las comunicaciones hace que en realidad ninguna empresa esté a salvo de un ciberataque. Los principales riesgos cibernéticos están representados por:

1-Las vulnerabilidades en el software utilizado por la empresa y por sus empleados. Cada día se descubren nuevos fallos de seguridad software y protocolos, que son explotados para llevar a cabo ataques. Aunque los proveedores reaccionen rápidamente publicando actualizaciones, el daño provocado puede ser fatal.

2-Mala configuración de los sistemas de información por parte de las empresas, lo que incluye a servidores, **firewall** y otros sistemas.

3-Malos hábitos de seguridad por parte de los empleados: lo que permite a los atacantes introducirse en los sistemas de información de las empresas, dañándolos, o llevando a cabo robo de información o chantaje, como en el caso del Ransomware.

4-El uso de dispositivos móviles personales en entornos corporativos: lo que se conoce como **BYOD (bring your own**

Device). Esta tendencia aporta grandes beneficios a las empresas y a sus empleados, aunque introduce riesgos importantes, si no se aplican especiales medidas de seguridad o si no se conciencia de forma adecuada a los empleados.

Consecuencias de un ataque cibernético:

Según **Kaspersky Lab y B2B International**, los ataques cibernéticos han costado una media de 1,3 millones de dólares por empresa en **2017** en Norteamérica, es decir el **11%.** Para las **PYME,** el coste medio de la recuperación asciende a 117.000 dólares. Estas estimaciones incluyen tanto el coste de negocio perdido, las mejoras de software y sistemas y los gastos extra en personal interno y en asesoramiento experto.

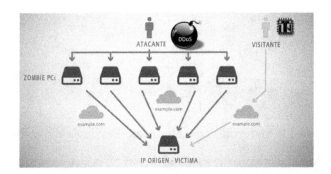

Sin embargo, el activo que más está en riesgo es la reputación corporativa. Aquellas empresas que no saben gestionar correctamente un ataque y en especial su comunicación a clientes y accionistas están en peligro de sufrir una caída de reputación. Un informe de **Forbes Insights** indica que el **46%** de las organizaciones habían sufrido daños en la reputación y en el valor de su marca como resultado de un ataque.

Además, la combinación de las consecuencias económicas y del daño reputacional, es a menudo fatal: Según datos de la **National Cyber Security Alliance** de **EE. UU.** el **60%** de las **PYME** desaparece dentro de los seis meses siguientes a sufrir un ciberataque.

Forma de Cómo protegerme de un ataque cibernético:

Aunque sea **100%** imposible evitar un ataque cibernético, existen muchas recomendaciones de seguridad para reducir el riesgo de que seamos víctimas de uno. La mayor parte de ellas, tienen que ver con actuaciones del personal, lo que pone en evidencia la importancia del factor humano en ciberseguridad:

1-Mantener a los sistemas actualizados: Tenemos que asegurarnos de que todos el software y sistemas operativos estén actualizados y tener instalados soluciones de protección, como antivirus.

2-Utilizar soluciones como proxyweb, firewall o VPN: para establecer canales de comunicación seguros y barreras de seguridad frente a las amenazas externas.

Utilizar soluciones de gestión de los dispositivos móviles de los empleados **(Mobile Device management, o MDM)** o de las aplicaciones que ejecutan **(Mobile application management, o MAM).**

3-Contraseñas seguras: Es importante llevar a cabo una correcta gestión de las contraseñas, lo que incluye modificar tus contraseñas cada cierto tiempo y generar contraseñas seguras.

4-Empleados formados: También es necesario que las empresas dispongan de personal con la suficiente formación para prevenir y hacer frente a cualquier ataque informático.

5-Vigilar el correo electrónico: El correo electrónico es uno de las principales vulnerabilidades a través de la cual los hackers puedan atacarnos. Si un empleado abre un correo infectado, afectará rápidamente a toda la compañía. Por eso se debemos tener cuidado con correos con archivos adjuntos sospechosos.

6-Copia de seguridad: Para evitar la pérdida de información, es necesario que siempre se tenga una copia de respaldo de toda la información por cualquier cosa que pudiera pasar.

7-No hacer descargas de sitios no seguros: No descargar ningún software de sitios no confiables.

8-Confiar en un proveedor de servicios de seguridad gestionada (MSSP): lo que nos permite mantener un alto nivel de seguridad y al mismo tiempo mejorar la eficiencia de negocio y minimizar los costes.

9-Subirse a la nube: Según un informe de **Cisco,** el **57%** de las empresas alojan redes en la nube debido a la mejor seguridad de datos.

En el caso que seamos posibles víctimas de un ataque cibernético, nuestra respuesta deberá ser rápida y eficaz. Las actuaciones dependerán del tipo de ataque en concreto, pero en general, deberemos de asegurarnos de que:

a-Contengamos el ataque: por ejemplo, aislando los dispositivos infectados.

b-Eliminamos las posibles causas: para asegurarnos de que el ataque no se vuelva a reproducir.

c-Determinamos el alcance del ataque: teniendo en cuenta tanto los equipos y dispositivos, como la posible información que haya sido sustraída.

d-Aseguremos la continuidad del servicio: para limitar lo más posible las consecuencias sobre nuestro negocio.

En todo caso, nuestra respuesta frente a un ataque tiene que articularse a lo largo de tres niveles:

1-Técnico: para restablecer el servicio desde el punto de vista operativo,

2-Legal: para evaluar las posibles implicaciones legales frente a clientes, proveedores o las necesidades de notificación a las autoridades.

3-Gestión de crisis: para llevar a cabo una comunicación eficaz de lo ocurrido frente a clientes y medios de comunicación y reducir el impacto sobre la reputación de la empresa.

BIBLIOGRAFIA:

Claves de las Políticas de Seguridad Informática: Equipo de redacción-UNIR Revista: mayo 2020.

Planes de Seguridad Informática: Vicente López-USS-Seguridad Integral- uss.com Argentina.

Garcilazo Ortiz Gustavo. Procedimientos de seguridad informática en sitios Web.

https://www.gestiopolis.com/procedimientos-de-seguridad-informatica-en-sitios-web/

MICROSOFT. Procedimientos de seguridad básicos para aplicaciones web.
http://msdn.microsoft.com/es-es/library/zdh19h94(v=vs.100).aspx

OWASP. Proyecto WebScarab OWASP. Recuperado el 20 de enero de 2014, de

https://www.owasp.org/index.php/Proyecto_WebScarab_OWASP

UNAM – CERT. (2011 de MAYO de 2011). Aspectos Básicos de la Seguridad en Aplicaciones Web. Recuperado el 16 de ENERO de 2014, de http://www.seguridad.unam.mx/documento/?id.

Conceptos básicos sobre seguridad informática: Néstor Adrián Aguirre- 11/09/2019
Publicado en: informática, seguridad- informatizarte.com

Definición de seguridad informática- Autores: Julián Pérez Porto y María Merino. (https://definicion.de/seguridad-informatica/)

Computador". Autor: María Estela Raffino. De: Argentina.
Para: Concepto. Disponible en: https://concepto.de/computador/.

08 de septiembre de 2020.
https://concepto.de/computador/#ixzz6XVFaNnGy

Sistema Operativo Conceptos básicos
https://irfeyal.wordpress.com/conceptos-basicos

Organización física de una Computadora: Publicado por Juan Manuel Casado García – slideplayer.es

Principios Generales de Protección Física: Miguel Ángel González Consultor en Seguridad-
http://www.forodeseguridad.com/artic/segcorp.htm

Conceptos Básicos De La Seguridad Informática:
https://infosegur.wordpress.com/

Manejo de la Información: Markus Erb -
https://protejete.wordpress.com/

backup: Guillem Alsina González: Definición ABC/
https://www.definicionabc.com/tecnologia/backup.php

ALBERTO NAGAYA FLORES: recursos de los sistemas informáticos- ticsiscanf.mex.com

Ana I. Martínez: la Tecnología Amenaza el Futuro del Bienestar-abc.es

Inteligencia Artificial: julio lira segura- director periodístico- Gestion.pe

Ataque cibernético: consecuencias, cómo actuar y cómo protegerse- Emanuele Carisio, consultor en negocios y tecnologías digitales.mediaclaud.es

ACERCA DEL AUTOR

RAFAEL DARÍO SOSA GONZÁLEZ

Oficial de la reserva activa del Ejercito Nacional. De COLOMBIA.

Después de su retiro ha desempeñado los siguientes cargos: director de Seguridad en Servicios (INDUSTRIAS ARETAMA Ltda.). Jefe de Seguridad (COLTANQUES Ltda.). Director Operaciones (MEGASEGURIDAD LA PROVEEDORA Ltda.) Gerente (Propietario) ESCUELA NACIONAL DE VIGILANTES Y ESCOLTAS (ESNAVI LTDA.), Coordinador Proyecto Seguridad Aeronáutica (COSERVICREA Ltda.), Coordinador de Seguridad Proyecto Aeronáutica (COLVISEG Ltda.).

En el área de la docencia: se ha desempeñado como Docente en el Instituto de seguridad Latinoamericana (INSELA Ltda.) Docente de la Escuela Colombiana de Seguridad (ECOSEP Ltda.) Como Consultor Seguridad, Asesoró en Seguridad en Empresas como: ADRIH LTDA, POLLO FIESTA Ltda., SEGURIDAD ATLAS Y TRANSPORTE DE VALORES ATLAS Ltda., SEGURIDAD SOVIP Ltda.

Entre los estudios realizados: Diplomado en Administración de La Seguridad (UNIVERSIDAD MILITAR NVA GRANADA), Diplomado en Seguridad Empresarial (UNIVERSIDAD SAN MARTIN-ACORE):Diplomado Sociología para la Paz, Derechos Humanos, negociación y Resolución de Conflictos (CIDE-CRUZ

ROJA COLOMBIANA-ACORE) Diplomado en Gestión de la Seguridad (FESC-ESNAVI Ltda.) ,Programa maestro en Seguridad y Salud Ocupacional(CONSEJO COLOMBIANO DE SEGURIDAD), Liderazgo Estratégico en Dirección , Gerencia Estratégica en Servicio al Cliente(SENA) ,

Curso Seguridad Empresarial(ESCUELA DE INTELIGENCIA Y CONTRAINTELIGENCIA BG.CHARRY SOLANO),curso de Seguridad Electrónica básico (A1A), Curso Analista de Poligrafía (Pfisiólogo Poligrafista)Poligrafía Basic Voice Store Análisis (DIOGENES COMPANY),entre otros.

Adicionalmente se encuentra desarrollando Programa de entrenamiento para COACHES en INTERNACIONAL COACHING GROUP (ICG) Y DIPLOMADO PARA COACHING CRISTIANO (METODO CC).

Propietario de la Empresa Security Works www.sewogroup.com. Empresa al servicio de la seguridad y vigilancia privada en Latinoamérica. Actualmente se desempeña como director general SECURITY WORK S.A.S.

AUTOR: 20 Libros Colección de Seguridad entre otros Vigilancia Básico, Avanzada. Escolta Básico, Manual de Manejo Defensivo, Manual de Medios Tecnológicos, Manual Prevención Secuestro, Manual del Supervisor. Impresos con la Casa Editorial Security Works de Venta en todos los Países de Habla Hispana.

LOS TITULOS DE LA COLECCIÓN
SEGURIDAD PRIVADA

La colección Seguridad dirigida a profesionales de
Latinoamérica, Europa, Israel, etc.

PUBLICADOS

01. Manual Para la Vigilancia Privada Básico.
02. Manual Para la Vigilancia Privada Avanzado.
03. Manual Básico del Supervisor de la Vigilancia.
04. Manual Básico del Escolta Privado.
05. Manual Avanzado del Escolta Privado
06. Manual Seguridad Medios Tecnológicos
07. Manual de Manejo Defensivo.
08. Manual de Vigilancia y Contra vigilancia.
09. Manual de Antiterrorismo.
10. Manual de Seguridad Aeronáutica.
11. Manual de Seguridad sin Recursos.
12. Manual de Seguridad Canina.
13. Manual de Seguridad residencial.
14. Manual de Autoprotección Secuestro
15. Manual de Seguridad Hotelera
16. Manual de Seguridad Hospitalaria
17. Manual de Seguridad Comercial
18. Manual de Seguridad Bancaria
19. Manual de Seguridad Empresarial
20. Manual del Directivo de Seguridad

Visite:

www.sewogroup.com

Representantes y Distribuidores Visite la web:

https://www.amazon.com

www.ingramcontent.com/pod-product-compliance
Lightning Source LLC
LaVergne TN
LVHW051330050326
832903LV00031B/3459

* 9 7 9 8 3 9 3 5 5 3 8 2 1 *